KB250805

선생님이 풀어주는 중·고교 한자어

선생님이 풀어주는 중·고교 한자어

한문교사모임 지음

풀빛

차 례 선생님이 풀어주는 중·고교 한자어 — ② 학습어

탐미주의 耽美主義／태동기 胎動期／퇴고 堆敲

파생어 派生語／평론 評論／표음문자 表音文字／표준어 標準語／풍유법 諷諭法
／필순 筆順

한문학 漢文學／한자 漢字／해제 解題／해학 諧謔／허구 虛構／허사 虛辭／형
태소 形態素／회화적 繪畵的／획수 劃數

• 찾아보기

가사 歌辭

〔歌 노래 가, 辭 말씀 사〕
우리 나라 전통 문학 양식의 하나로 운문과 산문의 중간적인 시가.

가사 歌詞

〔歌 노래 가, 詞 말씀 사〕
노랫말(歌詞).

가사라는 말에는 두 가지의 비슷한 한자말이 있으니, 가사(歌辭)와 가사(歌詞)가 그것입니다. 둘 다 노랫말을 뜻하지만 의미상 구분해서 씁니다. 우리가 흔히 듣는 노래 가사는 가사(歌詞)이고, 가사(歌辭)는 우리 나라 문학 갈래 중의 한 이름입니다. 사(詞) 자도, 사(辭) 자도 '말씀 사'이지만, 편의상 '노래 가사'와 '문학 갈래상의 가사'를 구분하기 위해서 이렇게 쓰는 것입니다.

'「발해를 꿈꾸며」라는 노래의 가사에는 통일을 염원하는 의미가 담겨 있다.'고 할 때의 '가사'는 가사(歌詞)일까요, 가사(歌辭)일까요? 노래 가사이니 가사(歌詞)가 맞습니다.

그러면 가사(歌辭)에 대해 좀더 알아봅시다. 우리 나라의 옛 선비들은 한문 공부가 어느 정도 경지에 오르면 취미 생활로 한시를 지어 읊조리며 여가를 즐겼습니다.

그러나 한시는 우리 민족의 감정을 마음대로 표현하는 데는 한계가 있었습니다. 한문이란 것이 원래 우리말과는 어순이 달라서 제법 공부한 사람도 우리말로 표현하는 것만큼은 쉽지가 않았기 때문이죠. 그러다 보니 이제는 우리가 말하는 대로 읊을 수 있는, 우리 나름대로의 문학 형식을 만들 필요가 있었습니다. 이렇게 해서 만들어진 것이 시조와 가사입니다. 특히 가사(歌辭)는 고저

장단의 율격을 곁들여 자유롭고 길게 읊조릴 수가 있었습니다. 우리가 일상적으로 쓰는 말을 그대로 사용했기 때문에 짓기도 쉬웠죠.

그러면 가사(歌辭)의 한 부분을 감상해 볼까요?

인간을 떠나와도 내 몸이 겨를 없다
이것도 보려 하고 저것도 들으려고
바람도 혀려*하고 달도 맞으려고
밤일랑 언제 줍고 고길랑 언제 낚고
시빌*랑 뉘 닫으며 꽃일랑 뉘 쓸려노
오늘이 부족하니 내일이라 유여*하랴

(* 혀려 : 쐬려   시빌 : 시비를, 사립문을
유여(有餘) : 여유가 있음)

<송순의 「면앙정가」 중에서>

이 가사를 소리 내어 읽어 보세요. 한참 읽다 보면 일정한 리듬감이 생기죠. 이것은 바로 우리말을 일정한 리듬(3·4조)에 실어 만들었기 때문입니다. 가사(歌辭)는 시대에 따라 내용이 많이 바뀌면서 최근까지도 그 명맥을 유지하고 있습니다. 우리 민족의 삶의 정서를 잘 간직한 중요한 문학 형식입니다.

가설 假說

〔假 가정 가, 說 말 설〕
가정하여(假) 세운 이론(說).

가설(假說)이란 아직 증명되지 않았으나 여러 가지 경험한 사실들을 바탕으로 임시로(假) 세운 이론(說)입니다.

옛날 사람들은 지구가 평평한 줄 알았습니다. 하지만 멀리 돛대만 보이던 배가 가까이 올수록 전체가 다 드러나는 모습을 자주 확인하면서 사람들은 '지구는 둥글다'라는 가설(假說)을 세웠습니다.

그리고 아리스토텔레스는 부분월식이 일어났을 때, 달에 비친 지구의 그림자가 둥근 것을 보고 역시 지구는 둥글다는 가설을 세웠습니다.

그후 이 가설을 증명하려는 노력은 계속되었고, 결국 지구는 둥글다는 가설이 사실로 밝혀졌습니다.

이렇게 가설은 이미 알고 있는 사실이나, 이미 밝혀진 과학적 지식을 기초로 가정하여 만든 이론입니다. 경험을 바탕으로 가정을 세우고 이를 온갖 연구와 실험으로 증명해 내려는 노력은 인류의 문명을 발전시켜 온 바탕이 되었습니다.

가차 假借

〔假 빌릴 가, 借 빌릴 차〕
뜻은 다르나 음이 비슷한 글자를 빌어(假借) 쓰는 법.

　이 방법은 주로 중국인들이 외국의 지명, 국명, 인명 등을 표기할 때 많이 쓰는 것입니다. 중국이 근대에 와서 서양과 교류할 즈음에, 어느 한 중국인이 영국인과 사귀면서 '런던'이라는 이름을 처음 듣고 이를 표기했다고 가정해 봅시다. 그는 입으로는 '런던'이라고 발음할 수 있었겠지만, 글로 쓸 때는 어떻게 했을까요? 우선 한자 중에 '런던'이라는 소리와 가장 비슷한 음을 내는 글자를 찾으려 했을 것입니다. 그래서 륜(倫) 자와 돈(敦) 자를 찾아 '륜돈(倫敦)'이라고 표기했을 겁니다. 륜(倫) 자의 '차례', 돈(敦) 자의 '두텁다'라는 뜻과는 관계없이 다만 음이 비슷하기 때문에, 빌려서(假借) 쓴 것입니다. '륜돈(倫敦)'은 중국 발음으로 읽으면 '른뜬'이 됩니다. 영어 발음과 비슷하죠.
　베토벤(Beethoven)을 잘 아시죠. 베토벤을 한자로 어떻게 쓰는지 아세요? 배덕변(裴德辨)이라고 쓴답니다. 우리식대로 한자를 읽으면 '배덕변'이니까, Beethoven의 원음 '베이토우번'과는 다른 것 같지만, 중국 발음으로 읽으면 거의 같습니다.
　한 가지만 더, 여러분이 마시는 음료수 중에 '코카콜라'라는 말을 중국인들은 어떻게 쓰고 어떻게 읽을까요? 쓰기는 '가구가락(可口可樂)'이라고 쓰고, 발음은 '크으코우크으르'라고 합니다. 조금 빨리 읽어 보세요. 원래의 'Coca cola'와 음이 비슷하다는 걸 아실 겁니다.
　이렇게 한자의 뜻에 관계없이 다만 음이 비슷하기 때문에 빌려 표기하는 방법을 가차(假借)라고 한다는 것을 꼭 알아 두세요.

감정이입 感情移入

〔感 느낄 감, 情 뜻 정, 移 옮길 이, 入 들 입〕
자신의 감정을(感情) 다른 대상 속에 옮겨(移) 넣어(入) 표현하는 방법.

감정이란 기쁨, 성냄, 슬픔, 즐거움, 사랑, 미움, 욕심 등을 말합니다. 누구나 이런 감정이 있습니다. 그러나 여러분의 주위에 있는 사물들을 보세요. 나무, 돌, 구름, 불, 의자, 책상 등. 이런 사물들은 생각도 못하고 감정도 없습니다. 하지만 사람들은 자신이 어떤 감정에 빠졌을 때에 주변의 사물도 같은 감정에 있다고 여깁니다. 자신이 슬플 때는 꽃도 슬퍼 보이고, 자신이 기쁠 때는 꽃도 기뻐하는 듯이 보입니다.

단편 소설 『마지막 잎새』에서 병든 소녀는 창 밖 정원에 있는 나뭇잎을 바라보면서, 마지막 나뭇잎이 떨어질 때에 자신도 죽을

것이라고 생각합니다. 자신의 죽음에 대한 두려운 감정을 나뭇잎
에 불어넣은 것이죠. 실제 창 밖의 나뭇잎 자체는 아무런 생각이
나 감정도 없는데 말입니다. 나그네가 하늘에 떠도는 구름을 보
고 자신처럼 외로울 것이라 여기고, 충신열사는 남산 위에 있는
큰 소나무가 변치 않는 절개를 지킨다고 여깁니다. 자신의 감정
에 따라 주변의 사물을 보는 것이지요. 슬프면 슬프게, 기쁘면 기
쁘게, 사랑하면 사랑스럽게 말이죠. 문학 작품을 만들 때도, 자신
의 감정(感情)을 주변의 사물 속에 옮겨(移) 넣어(入) 그 사물도
그런 감정을 갖고 있는 듯이 표현하는 방법을 쓰는데, 이것이 바
로 감정이입(感情移入)입니다.

갑골문자 甲骨文字

〔甲 껍질 갑, 骨 뼈 골〕
거북의 껍질(甲)과 소의 뼈(骨)에 새겨진 문자(文字).

　오늘날 우리가 찾아 볼 수 있는 가장 오래 된 한자는 갑골문자
입니다. 중국 은나라에서 점을 칠 때 사용했던 귀갑(龜甲 거북의
껍질)과 우골(牛骨 소의 뼈)에 새겨져 있는 문자라서 갑골문자
(甲骨文字)라고 하지요. 이것은 중국 은나라 때의 글자입니다. 은
나라가 성립된 것이 B.C. 1,500년 경이니 참으로 오래 된 글자라
고 할 수 있지요. 이 갑골문자는 대부분이 어떤 사물을 그대로 그
려 낸 글자인 상형 문자입니다. 그러나 일부는 기호화해서 발음
부호처럼 쓰인 것도 있습니다. 이 갑골문자 이전에도 어떤 글자
가 존재했다는 뜻입니다.
　갑골문자는 오랜 세월 땅속에 파묻혀 있나가 은나라의 옛 수도

자리인 은허에서 발견되었습니다. 지금부터 약 100년 전, 정확히 말하면 1899년의 일입니다. 북경(北京)의 국자감 패주인 왕의영이라는 사람이 있었습니다. 국자감 패주란 지금으로 치면 대학 총장쯤 되는 직책입니다. 이 사람은 당시 금석학(金石學)에 뛰어난 학자였지요. 금석학은 청동기(金)나 비석(石)에 새겨진 글을 연구하는 학문입니다. 그런데 왕의영은 말라리아라는 병에 걸려서 환절기만 되면 높은 열 때문에 심한 고생을 했습니다. 어느 날 한약방을 찾아갔더니, 말라리아에는 용골(龍骨)이 특효라는 처방을 받았지요. 용골은 땅속에 묻혀 있는 척추동물의 뼈입니다.

그 뒤로 왕의영은 용골을 사 모았습니다. 물론 병을 낫게 하기 위해서였지요. 그런데 어느 날 용골을 사 오던 그의 제자 유철운이 그 뼈에서 이상한 그림을 발견했습니다. 그래서 두 사람은 이 이상한 그림을 연구하기 시작했습니다. 한약방을 돌아다니면서 수많은 용골을 사 모으고, 또 그 그림을 연구하여 그것이 은나라 때의 글자라는 사실을 알아내게 되었습니다. 그리고 이 용골을 어디서 캤나 조사하여, 허난성 북서쪽 샤오툰(小屯 소둔)이 그 출처이고, 이곳이 바로 은나라의 옛 도읍지라는 사실도 알아내게 되었습니다. 역사 책에 은허(殷墟 은나라 터)라고 한 곳이 바로 여기이지요. 이때 왕의영과 유철운이 모은 갑골문의 조각이 약 1천5백 개라고 하니 두 사람의 노력을 짐작할 만합니다.

거북의 등껍질이나 짐승의 뼈를 사용하여 점을 치는 것은 신석기 시대부터 행하여졌지만, 여기에 문자를 새긴 것은 오직 은나라 시대만의 특색입니다. 갑골에 새겨져 있는 문자는 현재 알 수 있는 한자의 가장 오래 된 형태로, 그림 같은 요소를 다분히 남기고 있으나, 순수한 그림 문자보다는 진보되어 있습니다. 문자의 수는 3천 자 정도이고, 그 내용은 제사, 군사, 하늘의 모양, 사냥,

농사, 임금의 일에 관한 것이 많습니다. 갑골문자 덕분에 은나라 때의 정치·사회·경제 등이 밝혀져서 전설의 영역에서 벗어나지 못하던 중국 고대의 은 왕조가 중국에서 가장 오래 된 역사적 왕조임이 실증되었고, 오랜 옛날의 한자 모양을 아는 데도 중요한 자료가 되었습니다.

강건체 剛健體

〔剛 굳셀 강, 健 굳셀 건, 體 문체 체〕
강하고(剛) 굳센(健) 문체(體).

우유체 優柔體

〔優 넉넉할 우, 柔 부드러울 유, 體 문체 체〕
넉넉하고(優) 부드러운(柔) 문체(體).

다음 글을 읽어 봅시다.

청춘! 이는 듣기만 하여도 가슴이 설레는 말이다.

청춘! 너의 두 손을 가슴에 대고 물방아 같은 심장의 고동을 들어보라.

청춘의 피는 끓는다. 끓는 피에 뛰노는 심장은 거선의 기관과 같이 힘이 있다. 이것이다. 인류의 역사를 꾸며 내려온 동력은 바로 이것이다. 이성은 투명하되 얼음과 같으며, 지혜는 날카로우나 갑 속에 든 칼이다. 청춘의 끓는 피가 아니라면 인간이 얼마나 쓸쓸하랴?

<민태원의 「청춘예찬」 중에서>

솟구치는 힘이 느껴지지요? 말만 들어도 가슴이 설렐 만큼 아름다운 그 이름, 청춘. 콸콸 쏟아지는 심장의 고동 소리가 들릴 만큼 힘 있는 그 말, 청춘. 인류의 역사를 바꿀 만큼 거대한 힘을 지닌 청춘. 이렇게 청춘이란 아름다운 것이라고 굳세고(剛) 힘 있게(健) 말하고 있습니다. 이러한 문체가 바로 강건체(剛健體)입니다.

그러면 다음 글을 읽어 봅시다.

밤중을 지난 무렵인지 죽은 듯이 고요한 속에서 짐승 같은 달의 숨소리가 손에 잡힐 듯이 들리며 콩포기와 옥수수 잎새가 한층 달에 푸르게 젖었다. 산허리는 온통 메밀밭이어서 피기 시작한 꽃이 소금을 뿌린 듯이 숨이 막힐 지경이다. 붉은 대궁이 향기같이 애잔하고 나귀들의 걸음도 시원하다. 길이 좁은 까닭에 세 사람은 나귀를 타고 외줄로 늘어섰다. 방울 소리가 시원스럽게 딸랑 딸랑 메밀밭께로 흘러간다.

<이효석의 『메밀꽃 필 무렵』중에서>

글이 잔잔하고 아름답다는 인상을 줍니다. 허 생원과 조 선달이 보름이 갓 지난 어느 날 밤에 메밀꽃이 핀 길을 오손도손 이야기하며 지나가는 광경을 너무나 아름답게 표현해 주고 있습니다. '달에 푸르게 젖다', '애잔하다' 등 앞 글에 비하여 섬세하고 감각적인 표현이 돋보입니다. 또, 글이 전반적으로 껄끄럽지 않고 부드럽게 흘러가는 듯한 인상을 줍니다. 이렇듯 글의 흐름이 넉넉하고 부드러우며(優) 온화하여(柔) 문맥의 흐름이 다정하게 느껴지는 문체(體)를 우유체(優柔體)라고 합니다. 강건체(剛健體)와는 반대의 문체입니다.

개연성 蓋然性

〔蓋 대개 개, 然 그럴 연, 性 성질 성〕
확실하지는 않지만 대개(蓋) 그럴 것(然) 같은 성질(性).

필연성 必然性

〔必 반드시 필, 然 그럴 연, 性 성질 성〕
어떤 사물의 반드시(必) 그렇게 될 수밖에(然) 없는 성질(性).

예를 먼저 들도록 하겠습니다.

옛날 어느 마을에 금실이 좋은 부부가 살고 있었습니다. 그런데 어느 날 남편이 병에 걸려 죽었습니다. 그러자 한 달 후에 아내도 그만 까닭 모르게 죽고 말았습니다. 동네 사람들은 여인이 죽은 이유는 남편이 죽은 데 대한 슬픔을 견디지 못해서였을 것이라고 했습니다. 동네 사람들은 여인이 죽은 이유를 확실히 알지는 못하지만, 전후 사정을 살펴서 대개(蓋) 그럴 것이다(然)라는 개연성(性)을 가지고 말한 것입니다. 개연성이란 이처럼 확실하지는 않지만 대개(蓋) 그럴 것(然) 같은 성질(性)을 말합니다.

필연성은 반드시(必) 그렇게 되는(然) 성질(性)입니다. 예를 들어 보죠. 맹구는 영구와 내기를 했습니다. "영구야! 동전을 던져 앞면이 나오면 네가 나에게 빵을 사주고, 뒷면이 나와도 역시 나에게 빵을 사주는 것으로 하자. 동전이 똑바로 서면 내가 사줄게." 이 내기에서는 맨바닥 위에 동전을 던지면 설 확률이 거의 없기 때문에, 맹구가 반드시 내기에서 이길 것입니다. 그러니 맹구는 내기에서 이길 필연성이 있는 것입니다. 이처럼 필연성은 반드시 결과가 그렇게 될 성질을 말합니다. 필연성이 확률적으로 거의 100%라면, 개연성은 대략 70~80% 정도 되지 않을까요.

객창감 客窓感

〔客 손 객, 窓 창문 창, 感 느낄 감〕
나그네(客)가 묵는 방의 창을(窓) 통해 느끼는 감정(感).

객수심 客愁心

〔客 손 객, 愁 근심 수, 心 마음 심〕
나그네(客)의 쓸쓸한(愁) 마음(心).

객창감(客窓感)이란 여행하는 나그네의 심정입니다. 때로 집을 떠나 낯선 곳을 여행하며 며칠씩 묵게 되면, 그 곳에서의 밤이 왠지 쓸쓸해져 정든 사람들, 정든 곳이 더욱 애틋하게 그리워지는 법입니다.

특히 한적한 여관방에 누워 창 밖을 바라볼 때에, 창 밖으로 둥근 달이 휘영청 떠오르면 더욱 집이 그리워집니다. '저 달이 고향 하늘에도 떠 있어 집에 있는 사람들도 같이 보고 있으려나.' 하는 생각이 들 것입니다.

객창(客窓)이란 바로 나그네(客)가 묵는 여관방의 창문(窓)이란 뜻이고, 객창감(客窓感)이란 나그네가 여관방의 창문을 통해 느끼는 고독하고도 쓸쓸한 심정입니다.

요즘과는 달리 옛날에는 교통이 불편해서 한번 여행을 떠나면 고향으로 돌아가고 싶어도 쉽게 돌아갈 수 없었으니, 여관방의 창문(窓)으로 밖을 바라보며 느끼는 나그네(客)의 쓸쓸한 느낌(感)은 훨씬 더했을 것입니다.

여기서 나그네의 쓸쓸한 심정을 잘 나타낸 당나라 시인 장계의 시를 한 수 감상해 보겠습니다.

> 서리 내리고 쌀쌀한 가을밤
> 달은 지고 까마귀는 우는데,
> 강가의 단풍에다 고기잡이 불빛까지
> 눈앞에 어른거려 잠 못 이루네.
> 멀리 고소성 밖 한산사에서 울려 오는 종소리
> 나그네 시름을 자아내누나.
>
> <장계의 「풍교에서」>

가을밤, 멀리 고향을 떠나 와 잠 못 이루는 나그네의 심정을 잘 표현한 시입니다.

객수심(客愁心)도 객창감과 비슷한 말입니다. 글자 그대로 풀이하면 나그네(客)의 쓸쓸한(愁) 심정(心)입니다. 길 떠나는 나그네가 되면 누구나 호젓하고 쓸쓸해지는 모양입니다.

격문 檄文

〔檄 알리는 글 격, 文 글 문〕
알리는(檄) 글(文).

다음은 임진왜란 당시의 격문(檄文)을 가상으로 작성해 본 것입니다.

우리 고을의 사람들은 보시오.

지금 왜적이 쳐들어와 나라는 풍전등화의 위기에 있고, 임금께서는 멀리 의주까지 피난을 가셨습니다. 놈들은 흉악무도해서 남녀노소(男女老少)를 마구 살상하고 약탈을 일삼고 있습니다. 조정의 벼슬아치들은 모두 목숨이 아까워서 달아나기에 급급하니 개탄스런 일입니다. 하지만 우리의 용감한 군사들은 죽음을 무릅쓰고 적과 싸우고 있으며, 또한 수많은 백성들은 방방곡곡에서 의병을 결성하여 싸우고 있습니다. 그러니 우리 고을의 사람들도 더 이상 숨어 있지만 말고 밭을 일구던 삽과 곡괭이를 들고일어나 악랄한 왜구를 몰아냅시다. 죽음을 각오한 자는 살고, 살고자 하는 자는 죽는다고 했습니다. 뜻이 있는 자들은 오늘 밤 자정에 월악산으로 모여 주기 바랍니다.

격문(檄文)은 이처럼 전쟁과 같은 위급한 시기에 벌어진 상황을 널리 알려 단결을 호소하거나 군인을 모집하는 내용의 글을 말합니다. 또 적군을 글로 굴복시키거나 꾸짖을 때 쓰는 글도 격문이라고 합니다.

신라 시대 최치원이 당나라에 가서 벼슬할 때 황소(黃巢)의 난이 일어나자, 그를 격퇴하기 위해 지은 「토황소격문(討黃巢檄文

황소를 꾸짖는 격문)」은 유명합니다. 황소는 이 격문을 읽다가 얼마나 놀랐는지 뒤로 자빠져 한동안 넋이 빠졌다고 합니다.

격문은 옛날에만 있었던 것은 아닙니다. 오늘날 대학 입학 시험장에서 '커닝하지 말고 당당하게 합격하자. 한교! 한교! 화이팅!' 하는 것처럼, 시험 보는 학생을 격려하려고 벽에 붙이는 글이나, 자신의 주장을 알리기 위해 종이에 적어 돌리는 글 등은 모두 격문이라고 할 수 있습니다.

격언 格言

〔格 바로잡을 격, 言 말씀 언〕
사람을 바로잡아(格) 주는 좋은 말(言).

격(格) 자는 대개 품격(品格), 격식(格式), 합격(合格)에서처럼 '품위나 격식'이란 뜻으로 많이 쓰입니다. 하지만 격언(格言)에서는 '바로잡다'라는 뜻을 갖습니다. 그러므로 격언은 바로잡아 주는(格) 말(言)입니다.

최영 장군은 '황금 보기를 돌같이 하라.'고 말씀하셨습니다. 사람들이 재물에 눈이 멀어 서로 미워하고, 싸우는 것을 경계하신 말씀입니다. 또 공자께서는 '옳지 않은 방법으로 얻은 재물과 높은 지위는 나에게 마치 뜬구름과 같다.'고 하셨습니다. 이러한 격언은 우리에게 커다란 용기와 희망을 주고, 올바르게 살아가도록 도움을 줍니다.

격언과 함께 사람들의 입에 자주 오르내리는 것이 속담입니다. 둘의 차이는 다음과 같습니다.

격언이 대개 교훈적이어서 사람을 바르게 인도하려는 내용을 갖는 데 비해, 속담은 꼭 그렇지 않아서 '아니 땐 굴뚝에 연기 날까?'처럼 비꼬는 내용이나, '비 온 뒤에 땅이 굳는다.'처럼 생활의 일반적인 지혜 등을 담고 있기도 합니다. 또 격언은 누가 말한 것인지, 어떤 책이나 이야기에서 유래되었는지 알 수 있는 것이 많지만, 속담은 오랜 시간 말로 전해져 온 것이어서 누가, 언제, 어디에서 말한 것인지 알기 어렵습니다. 또 격언이 주로 글을 많이 읽은 식자층에서 전해진 것이라면, 속담은 일반 서민들 사이에서 널리 나돌던 말이라고 할 수 있습니다.

경 經, 경서 經書, 경전 經典

〔經 경서 경, 書 책 서, 典 책 전〕
성인이 지었거나 성인의 언행을 기록한 책(經).

불경 佛經

〔佛 부처 불, 經 경서 경〕
불교에서(佛) 성인이신 석가의 언행을 기록한 책(經).

성경 聖經

〔聖 성인 성, 經 경서 경〕
기독교에서 성인이신(聖) 예수의 언행을 기록한 책(經).

경전 經傳

[經 경서 경, 傳 전할 전]
성인의 언행을 기록한 경(經)과 현인의 언행을 기록한 전(傳)을 합친 말.

경(經)은 옷감을 가로 세로로 엮어 짤 때 세로가 되는 줄로서,

이를 '날줄'이라고 합니다. 틀에 날줄을 먼저 쳐 놓고 다음에 씨줄을 먹이는 것이니, 날줄이 제대로 서야 씨줄도 잘 먹여져 옷감이 바로 짜지는 것이지요. 집안의 형이 잘해야 아우도 잘하는 것과 마찬가지입니다.

경의 의미는 확대되어 옷감에서뿐만 아니라 사회 전반에 걸쳐서 쓰이는데, 흔히 '본보기', '모범', '기준' 등의 의미를 갖습니다.

또한 성인이 직접 지었거나 성인의 언행을 기록한 책도 경(經)이라고 합니다. 왜냐하면 사람들에게 좋은 가르침을 주는 모범이요, 본보기이기 때문입니다. 처음에는 경(經)이라고만 하다가 서(書) 자를 덧붙여 경서(經書)라 하였고, 책 전(典) 자를 붙여 경전(經典)이라고 하였는데 모두 같은 의미입니다.

그러면 불경(佛經)은 무엇일까요? 불(佛)이란 불교를 의미하는 것이니, 불경(佛經)이란 불교(佛)의 경전(經)입니다. 성인이신 석가의 언행을 기록한 책이 바로 불경입니다.

그러면 성경(聖經)이란 무엇일까요? 성경(聖經)의 성(聖) 자는 성인이고, 경(經)은 경전이니, 기독교에서 성인이신 예수의 언행을 기록한 책을 성경이라고 합니다. 성인의 언행을 기록한 모든 책을 성경이라고 할 수 있지만, 현재는 기독교에서 이 말을 독차지해서 쓰고 있습니다.

불교에서는 불경, 기독교에서는 성경이라고 한다면 유교에서는 무엇이라고 할까요? 유경(儒經)일까요? 아닙니다. 그냥 경(經), 경서(經書), 경전(經典)이라고 합니다. 유교에는 모두 5경이 있는데 시경, 서경, 역경(주역), 춘추, 예기입니다.

마지막으로 경전(經傳)은 무엇일까요? 경전(經傳)에서 전(傳)은 현인(賢人)의 언행을 기록한 책이나 경의 어려운 내용을 알기 쉽게 설명해 놓은 책이지요. 둘을 합쳐 경전(經傳)이라고 합니다.

경기체가 景其體歌

〔景 경치 경, 其 그 기, 體 몸 체, 歌 노래 가〕
후렴이 '경치(景)가 그(其) 어떻습니까(何如)'로 끝나는 형식(體)의 노래(歌)

고려 고종 때에 여러 선비들이 모여 그 때까지 볼 수 없었던 새로운 형식의 노래를 만들었습니다. 그 제목이 「한림별곡 翰林別曲」인데 여기에 그 첫 부분을 소개합니다.

元淳文 仁老詩 公老四六　　원순의 산문과 인로의 시,
원순문 인노시 공노사륙　　공로의 사륙문체

李正言 陳翰林 雙韻走筆　　이정언과 진한림의 쌍운주필
이정언 진한림 쌍운주필

沖基對策 光鈞經義 良鏡詩賦　　충기의 대책과 광균의 경전
충기대책 광균경의 량경시부　　해석, 양경의 시와 부

위 試場ㅅ 景其 엇더하니잇고.　　위 시험장의 경치가 그 얼마
　　　　　　　　　　　　　　나 멋있습니까?

이 노래의 내용은 당시 최고의 문인들과 그들이 잘 짓는 글의 종류를 나열하고는, 후렴에 '위 시험장의 경치가(景) 그(其) 어떻습니까' 하고 물은 것입니다. 끝의 후렴구 '위 시장(試場)ㅅ 경(景) 기(其) 엇더하니잇고.'를 눈여겨봅시다. 경기체가의 특징은 이렇게 후렴에 '경(景) 기(其) 엇더하니잇고'를 붙이는 것인데, 여기서 경(景) 자와 기(其) 자를 따서 경기체가(景其體歌)라고 합니다.

경기체가는 이 「한림별곡」을 시작으로 해서, 조선 중기 선조 때의 「충효가」까지 350년간 지어졌는데, 현재까지 그 가사가 전해지는 것은 모두 25수입니다. 주로 글을 잘하는 사대부들이나 스님들에 의해 지어졌는데, 그 내용은 대체로 풍류스럽고 우아한 것이 특징입니다.

고사성어 故事成語

[故 옛 고, 事 일 사, 成 이룰 성, 語 말씀 어]
옛날(故)의 어떤 일(事)에 근거하여 이루어진(成) 말(語).

고사(故事)는 '옛날의 일'입니다. 특히 고(故) 자는 '옛날'이라는 뜻도 있지만 '까닭, 연고'라는 의미도 있으니, 옛날의(故) 어떤 일(事)이라는 뜻입니다. 우리가 많이 듣고 배우는 한자어들 중에는 거기에 얽혀 있는 사연을 모르고 단순히 글자만 풀이해서는 도무지 무슨 말인지 모르는 것이 있답니다.
'어부지리(漁父之利)'란 고사성어를 예로 들어 보겠습니다.

옛날 화창한 봄날 바닷가에 조개가 햇빛을 쬐기 위해 입을 쩍 벌리고 있었답니다. 그 때 하늘을 날던 도요새가 이것을 보고는 살며시 내려와 조개 입 속에 있는 살점을 콕 쪼아댔습니다. 순간 당황한 조개는 입을 잽싸게 다물어 도요새의 부리를 물었답니다. 그리고는 둘이 싸웠죠. '놓아 주지 않으면 바로 네 손해'라고 서로 을러대면서 말이에요. 그런데 마침 이 곳을 지나던 어부가 조개와 도요새가 서로 움직이지 못하고 다투고 있는 장면을 보고는 이 둘을 동시에 잡아 버리고 말았답니다.

서로가 양보를 하지 않고 싸우고 있는 동안 엉뚱한 어부만 이익을 보고 말았다는 이야기입니다.

여기서 비롯된 이야기가 바로 어부지리(漁父之利)입니다.

그런데 이렇게 담겨 있는 속뜻을 모르고 단순히 어부지리(漁父之利)를 글자 그대로 해석하여 '어부의 이익'이라고만 풀이한다면 무슨 뜻인지 알 수 있겠어요? 만일 위와 같이 얽혀 있는 이야기를 먼저 알고 어부지리(漁父之利)라는 성어를 보면 금방 와 닿습니다.

짧은 몇 글자 안에 의미 있는 교훈을 줄 수 있는 이야기를 담는다는 것, 바로 이것이 고사성어(故事成語)의 장점입니다.

그 밖에 '와신상담(臥薪嘗膽)', '용두사미(龍頭蛇尾)', '조삼모사(朝三暮四)' 등의 고사성어를 상황에 따라 적절하게 인용한다면 한층 더 멋있고 의미 있는 글이 될 것입니다.

고시 古詩

〔古 옛 고, 詩 시 시〕
중국 당나라를 기준으로 그 이전의 시.

근체시 近體詩

〔近 가까울 근, 體 모양 체〕
중국 당나라를 기준으로 그 이후의 시.

한시를 구분하자면 크게 고시(古詩)와 근체시(近體詩)로 나눌 수 있습니다. 고시는 고체시(古體詩)라고도 하며, 한시가 생겨난 이후부터 중국 당나라 전까지 지어지던 시의 형태를 말합니다.

당나라 때에 형식이 완성된 근체시는 형식이 엄격하여 시를 지을 땐 이를 꼭 지켜야 했습니다. 그 규칙이 생겨나게 된 과정을 간략해 알아보겠습니다. 중국 당나라 때 국가의 여러 문물이 정비되면서 관리를 뽑기 위한 과거제도가 시작되었습니다. 사람의 성격에 장단점이 있듯이 학문적인 실력에도 각자 뛰어난 분야와 모자라는 분야가 있을 겁니다. 그래서 객관적으로 공정하게 선발하기 위해서는 모두에게 공통적으로 적용되는 선발 기준이 필요했고 그 방법으로 한시가 채택된 것입니다. 그런데 한시 안에서도 규격화된 형식이 있어야 실력의 우열을 가려서 공정하게 평가할 수 있었습니다. 그래서 그전까지 제법 자유롭게 짓던 시의 형태를 규격화했습니다. 그리고 그 규칙은 그것을 지키지 않고 시를 짓는다면 시로서 인정받지 못할 만큼 엄격한 것이었습니다. 그 규칙엔 글자 수, 줄 수, 압운, 대구, 평측 등이 있었습니다. 눈에 보이는 외형적인 규칙으로는 글자 수와 줄 수가 있습니다. 고체시와 비교하면서 알아보겠습니다.

고체시는 한 구절이 4자로 된 것(4언 고시), 5자로 된 것(5언 고시), 7자로 된 것(7언 고시), 그 밖에 여러 자가 섞인 것 등 다양한 편입니다. 이에 비해 근체시는 한 구절이 5자(5언) 아니면 7자(7언)라야 했습니다. 또 고체시는 한 수가 몇 구에서부터 몇 십 구에 이르기까지 구의 수도 자유롭습니다. 반면에 근체시는 4행이나(절구라고 부름), 8행(율시라고 부름)이라야 합니다.

간단히 정리하면 다음과 같습니다. 한시가 생겨난 이후 당나라 때까지 지어지던 시의 형태를 고체시라고 하는데 비교적 형식이 자유롭습니다. 당나라 때부터 생겨난 엄격한 형식의 시를 근체시라고 합니다. 근체시는 한 행의 글자 수에 따라 오언절구, 칠언절구, 오언율시, 칠언율시로 나눌 수 있습니다.

고유어 固有語

〔固 본래 고, 有 있을 유, 語 말 어〕
그 나라에 예로부터 본래(固) 있던(有) 말(語).

외래어 外來語

〔外 밖 외, 來 올 래, 語 말 어〕
외국(外)으로부터 들어와(來) 국어와 함께 쓰는 말(語).

우리 나라에 있어서 고유어는 우리 민족과 더불어 변화·발달해 온 말을 가리키는데 ‘순 우리말’과 같은 개념입니다. 고유어로는 고뿔(감기), 셈틀(컴퓨터), 동아리(서클) 등을 예로 들 수 있습니다. 외래어는 중국 한자에서 건너온 말, 일본어에서 생긴 말, 영어나 기타 언어에서 생긴 말입니다. 고구마(일본어 ‘고오꼬오이 모'), 담배(포르투갈어 '타바꼬'), 노다지(영어 'no touch')와 같이 외국으로부터 건너와서 우리말로 굳어진 것입니다.

　수천 년간 사용해 온 한자어가 우리말이나 다름이 없다는 것은 누구나 인정하는 사실입니다. 우리 고유어를 아끼고 사랑하는 동시에 이미 굳어진 외래어는 그 뜻을 명확하게 아는 것이 중요합니다.

　그런데 요즘 심각한 문제가 되는 현상이 벌어지고 있습니다. 바로 영어나 일본어를 무분별하게 우리말과 섞어 쓰는 것입니다. 물론 마땅한 우리말이 없을 때는 그대로 사용할 수밖에 없겠지만, '센티멘털한(감상적인), 세일(할인), 롱다리(긴 다리), 엑기스(농축액, 진수), 쿠사리 맞다(야단 맞다)'는 식으로 국어도 외국어도 아닌 국적 없는 말을 써서 우리말을 혼란하게 만들 필요가 있을까요?

　서양 문화가 세계를 지배하고 있는 이 시대에 외국어를 잘해야 한다는 것은 중요한 일임에 틀림이 없습니다. 그러나 외국어는 외국인과 말하거나 외국 서적을 볼 때 그 가치가 있습니다. 외국어를 우리말과 무분별하게 섞어 씀으로써 어느 것 한 가지도 제대로 못하는 어리석음을 저지르지 말아야겠습니다.

고전 古典

〔古 옛 고, 典 책 전〕
옛날에(古) 지어진 책으로(典) 후세에 전해질 만큼의 훌륭한 가치가 있는 것들.

　전(典)은 책입니다. 경전(經典), 법전(法典), 사전(辭典)에서의 전(典)은 모두 책을 의미합니다. 그러니 고전(古典 classic)이란 말 그대로 예전에(古) 지어진 책(典)을 말합니다. 하지만 예전에 지어진 오래된 책이라고 해서 모두 고전이라고 하지는 않습니다. 오랜 세월 동안 많은 사람들이 읽고 감동을 받은 책, 내용이 훌륭하고 가치가 있는 책, 후대에 길이 전해질 만한 책만을 고전이라고 합니다.

예를 들어 동양의 대표적인 고전이라고 하면 『논어』, 『맹자』, 『시경』, 『서경』, 『주역』, 『사기』 등이 있고, 서양의 대표적인 고전이라고 하면 『성경』, 『일리아드』, 『오디세이』, 『그리스·로마 신화』 등이 있습니다. 고전은 대부분 삶의 중요한 문제를 깊이 있게 다룬 것들이기 때문에, 우리에게 많은 가르침을 줍니다.

따라서 고전을 읽을 때에는 진지한 자세로 구절 하나 하나를 음미하면서 읽어야 합니다. 흥밋거리로 가볍게 읽어서는 그 참맛을 알 수 없고, 오히려 쉽게 싫증이 날 것입니다.

고전의 의미는 확대되어 책에만 한정해서 쓰는 것이 아니라 음악, 미술 등의 예술 작품까지도 일컫게 되었습니다. 또 고전적(古典的 classical)이라고 하면 '고전처럼 고풍스럽고, 가치 있고, 품위 있는' 이라는 긍정적인 뜻을 갖습니다. '그 작품은 고전적인 미가 있다.', '그녀는 고전적인 미인이다.'라는 것이 그 예입니다.

공감각 共感覺

〔共 함께 공, 感 느낄 감, 覺 느낄 각〕
함께(共) 느낌이(感覺) 일어나는 것.

공감각(共感覺)이란 두 개 이상의 감각이 동시에 일어나는 혹은 표현되는 것입니다. 예를 들어 청각적(聽覺的 듣는 것) 감각이 시각적(視覺的 보는 것)으로 표현되었다면 이는 공감각적인 표현에 해당하는 것이지요. 만일 무더운 여름철에 분수대 위에서 시원스럽게 터져 나오는 장엄한 물줄기를 보고서 갑자기 한꺼번에 울려 퍼지는 우렁찬 종소리의 환영으로 표현했다면, 이것은 시각적 감각이 청각적 감각으로 표현된 공감각적인 표현이지요. 공감각적 표현은 시의 중요한 기법으로 쓰입니다.

나는
나는
죽어서
파랑새 되어
푸른 하늘
푸른 들
날아다니며
푸른 노래
푸른 울음
울어 예으리

<한하운의 「파랑새」 중에서>

이 시에서 공감각적인 표현이 쓰인 것은 어느 부분일까요? 위 시 마지막의 '푸른 노래', '푸른 울음'이라는 표현은 어법상 맞지 않는 것이지만 시의 공감각적인 기법이 잘 활용된 예이지요. '푸르다'의 선명한 시각적 이미지가 '노래'와 '울음'이라는 청각적 감각으로 표현됨으로써 자유를 향한 지은이의 갈망과 노래의 분위기를 한층 절실하게 강조하는 역할을 하는 것입니다.

공시적 共時的

〔共 함께할 공, 時 때 시, 的 ~의 적〕
때, 시대를(時) 함께(共) 하는(的).

통시적 通時的

〔通 꿰뚫을 통, 時 때 시, 的 ~의 적〕
때, 시대를(時) 꿰뚫(通)는(的).

"나 보기가 역겨워 가실 때에는 말없이 고이 보내 드리오리다."

누구나 잘 알고 있는 시인 김소월의 '진달래꽃'의 첫 부분입니다. 문학 작품이나 역사적 사건의 의의를 생각해 볼 때, 우리는 흔히 공시적이니 통시적이니 하는 말을 쓰곤 합니다. '진달래꽃'이란 시가 갖는 통시적 의의는 무엇인가? 또는 공시적 의의는 무엇인가?

진달래꽃은 민요와 같은 3·4조, 7·5조 리듬에 '애절한 슬픔과 한(恨)'을 노래하고 있습니다. 이 '슬픔과 한'은 어제 오늘의 것이 아니고, 오랜 옛날부터 고려 가요의 '가시리', 민요의 '아리랑' 등에서 볼 수 있는 슬픔과 한입니다. 민요 가락에 실어 표현한 슬픔과 한은 옛날부터 시대를(時) 꿰뚫어(通) 내려오는(的) 것이지요. 통시적 성격을 띠고 있는 것입니다.

그러면 진달래꽃이 갖는 공시적 의의는 무엇일까요? 공시란 '시대(時)를 함께(共) 하는(的)'의 뜻이니, 일제 시대의 다른 시인의 작품과 진달래꽃의 공통되는 의의가 무엇이냐는 말입니다. 그것은 바로 민족적 색채입니다.

1920년대! 우리 나라가 일제의 식민지인 상황에서, 조국의 암울한 현실을 외면한 채 남녀간의 사랑이나 개인의 기쁨만을 표현한 시는 결코 좋은 시라고 할 수는 없겠지요. 시대가 시대이니만큼 진달래꽃은 나라 잃은 슬픔과 한을 짙은 향토적 언어로 표현하여 민족적 색채를 뚜렷이 하고 있습니다.

  이는 당시 여러 시인들이 쓴 민족적 성향의 작품들과 비슷한 이미지를 보여 주고 있기에 공시적 성격을 갖습니다. 소월이 민족적 색채를 강하게 표현한 시인이라는 것은 그의 다른 시를 보면 뚜렷하게 알 수 있는데, 「바라건대는 우리에게 우리의 보섭대일 땅이 있었더면」에서는 일제에게 전답과 곡식을 수탈당한 식민지 농민의 설움을, 「봄」에서는 조국을 빼앗긴 지식인의 한을, 「무제」에서는 민족혼에 대한 신뢰와 항일 감정을 표현하고 있습니다.

관형사 冠形詞

〔冠 갓 쓸 관, 形 모양 형, 詞 말 사〕
체언(體言)을 꾸며 주는 말.

부사 副詞

〔副 도울 부, 詞 말 사〕
용언(用言)을 도와서 꾸며 주는 말.

  관형사는 어떤 모양에(形) 다른 것을 씌워서(冠) 꾸며 준다는 뜻으로, 체언(體言 - 명사, 대명사, 수사)을 꾸며 주는 말입니다. 예를 들어 새 옷, 헌 옷에서 '새'와 '헌'은 옷의 성질이나 상태가 어떠한가를 알려주는데 바로 '새'와 '헌'이 옷(체언)을 꾸며 주는 관형사(冠形詞)입니다. 하지만 이런 경우엔 주의해야 합니다.

가) 다른 분들도 그렇게 생각하고 있습니다.

나) 저번 일과 이번 일은 다른 이유에서 생겨났습니다.

가)에서의 '다른'은 관형사지만 나)에서 '다른'은 형용사입니다. 구분하는 방법은 '다른'을 서술어로 만들어 말이 되면 형용사이고, 안 되면 관형사입니다. 즉 나)는 '저번 일과 이번 일이 생겨난 이유는 다르다'로 바꿀 수 있지만 가)는 안 됩니다. 빨간 옷, 노란 옷에서 '빨간'과 '노란'은 옷을 꾸며서 관형사 같지만 형용사입니다. '옷이 빨갛다', '옷이 노랗다'라고 하면 말이 되죠. 그러므로 무조건 체언을 꾸며 준다고 관형사라고 하면 안 됩니다.

부사도 뒷말을 도와(副) 꾸며 줍니다. 관형사와 다른 점은 용언(用言 – 동사,형용사)을 꾸며 준다는 것입니다. '공이 잘 구르는구나'에서 '잘'은 '구르다'라는 동사를 꾸며 주고, '오늘은 날씨가 매우 차다'에서 '매우'는 '차다'라는 형용사를 꾸며 줍니다.

구개음화 口蓋音化

〔口 입 구, 蓋 덮개 개, 音 소리 음, 化 될 화〕
입(口) 천장(蓋) 소리로(音) 됨(化).

구개(口蓋)라는 말부터 알아볼까요? 개(蓋) 자는 덮개, 뚜껑이라는 뜻이니 글자 그대로 풀이하면 구개(口蓋)는 입의 덮개라는 말입니다. 바로 입천장이죠. 발음을 할 때 입천장을 거쳐 나오는 소리(音), 즉 구개음(口蓋音)은 'ㅈ, ㅉ, ㅊ'이 있답니다.

구개음화란 ㄷ, ㅌ으로 끝나는 말이 'ㅣ'모음과 결합이 되어 발음을 할 때 입천장소리인 ㅈ, ㅉ, ㅊ 등으로 소리 나는 현상을 말합니다.

　아주 쉬운 예 몇 가지만 들어 볼까요. ‘굳이’라는 말이 있지요? 그런데 여러분은 이 ‘굳이’를 읽을 때 어떻게 소리 냈어요? ‘구디’라고 읽는 사람은 없겠죠. 아마도 대부분 ‘구지’라고 읽었을 겁니다. 쓰기는 ‘굳이’라고 쓰면서 읽을 때는 ‘구지’라고 소리 내게 되는 것이죠. ‘ㄷ’ 음이 뒤에 오는 ‘ㅣ’ 소리와 만나게 되어 생긴 현상입니다. 같은 예로 ‘해돋이→ 해도지’, ‘같이→가치’ 등이 있습니다.

구비문학　口碑文學

〔口 입 구, 碑 비석 비, 文 글월 문, 學 배울 학〕
비석(碑)에 새긴 것처럼 오랫동안 입(口)으로 전해 오는 문학(文學).

구전문학　口傳文學

〔口 입 구, 傳 전할 전, 文 글월 문, 學 배울 학〕
입(口)으로 전해져(傳) 온 문학(文學).

　여러분은 할아버지 할머니로부터 옛날 이야기를 들어 본 적이 있나요?

　흔히 ‘옛날 옛날에 호랑이 담배 피는 시절에……’라고 시작하지요. 하기야 TV 등에서 호화찬란한 만화, 드라마 등이 많아 우리 옛날 이야기는 뒷전으로 밀려나 버리고 말았지만 말입니다.

　그런데 불과 20여 년 전만 해도 TV나 영화 등이 그리 흔치 않아 어린이들은 연세 드신 분들로부터 옛날 이야기를 들으면서 자랐습니다. 특히 긴긴 겨울날 밤, 잠은 오지 않고 뭔가 재미있는

것이 없나 싶을 때 할아버지, 할머니들은 이야기 보따리를 풀어 심심함을 달래 주곤 하였답니다. 지금은 잘 볼 수 없지만 이런 모습은 우리 역사에서 매우 오랫동안 전해져 내려오고 있습니다.

이렇게 입에서 입으로(口) 전해져(傳) 내려오는 이야기들을 구비문학(口碑文學), 구전문학(口傳文學)이라고 합니다. 즉 글로 쓰여지지 않았으면서도 수백 년, 수천 년 동안 입에서 입으로 전해져 내려오는 문학을 통틀어 말하는 것입니다.

구비(口碑)라는 말은 석비(石碑), 즉 돌비석이라는 말과 대칭되는 말로서, 돌에 새긴 비석보다 말에 새긴 비석이 더욱 진실하다는 의미를 가지고 있답니다. 구비(口碑)란 원래 구전심비(口傳心碑 입으로 전하고 마음에 새김)의 준말로써, 입으로 전할 뿐만 아니라 마음에 새겨 오랫동안 전해 주자는 의미입니다.

이러한 구비문학의 대표적인 것으로는 설화가 있으며, 민요나 속담 등도 구비문학에 포함됩니다.

아니, 그런데 글로 쓰여지지도 않았으면서 어떻게 문학이라고 할 수 있냐고요? 문학이라는 것은 원래 글로 쓰여진 것을 일컫지만, 입으로 전해져 왔을지라도 일정한 형식을 갖추어 글로 쓰여진 것과 같은 효용을 거두고 있다면 문학 속에 넣습니다. 그래서 일반 기록문학과 구별해 주기 위해 구비문학, 구전문학이라고 하는 것입니다.

오늘날 수많은 문학 작품이 쓰여지고 있지만, 구비문학에 밑바탕을 둔 작품들이 많습니다. 뿌리 깊은 구비문학은 기록문학의 원천이 되는 것입니다. 이는 마치 서양에서, 오랫동안 전해져 내려오는 민요를 바탕으로 위대한 클래식 음악이 탄생하는 예와 같은 이치라 할 수 있습니다.

▶ [채록 探錄], [구연 口演] 참조

구상 具象

〔具 갖출 구, 象 모양 상〕
어떤 사물이 보이고 만져지는 뚜렷한 형체를(象) 갖추고 있음(具).

추상 抽象

〔抽 뽑을 추, 象 모양 상〕
여러 사물이나 사건으로부터 공통적인 모양을(象) 뽑아(抽) 하나의 개념을 만듦. 형체를 갖지 않아서 보이거나 만져지지 않는 것.

여러분의 주위를 잘 둘러보세요. 책상, 걸상, 책, 볼펜 등이 있지요. 하나 하나를 만져 보세요. 만져지지요. 이처럼 우리가 눈으로 보고 손으로 만질 수 있는 형체(象·體)를 갖추고(具) 있는 것을 구상(具象) 또는 구체(具體)라고 합니다.

추상(抽象)이란 무엇일까요? 한 마을에 사는 갑돌이, 을돌이, 병돌이, 정돌이는 모두 부모님을 정성껏 잘 모셨습니다. 이 여섯 명이 행하는 여러 행위 중에서 부모님을 정성껏 모시는 행위만을 뽑아서 하나의 개념으로 만들면 '효'가 됩니다. 또 많은 사과들에서 공통적인 요소는 무엇일까요? 빨갛고, 둥글고, 단맛이지요.

추상이란 이렇게 여러 사물이나 사건, 행위로부터 공통적인 성질과 모양(象)을 뽑아(抽) 하나의 개념으로 만드는 것입니다.

그런데 추상은 의미가 변하여 '보이지 않고 만져지지 않는 것'이란 뜻으로도 쓰입니다. 구상의 반대말로 쓰인 거죠. 가령 '아름답다', '선하다', '효도' 등과 같은 개념의 말들을 따져 봅시다. 만지고, 볼 수 있습니까? 모두 볼 수도 없고 만져지지도 않는 머리 속의 생각, 개념일 뿐이지요. 구상(또는 구체)이나 추상이란 말은 여러 모로 많이 쓰입니다. 구상적(또는 구체적), 추상적, 구체어, 추상어, 구상화, 추상화 등이 그것입니다.

구어체 口語體

〔口 입 구, 語 말씀 어, 體 몸 체〕
입으로(口) 말하는(語) 것처럼 쓴 문체(體).

문어체 文語體

〔文 글월 문, 語 말씀 어, 體 몸 체〕
글로(文) 쓰는 언어의(語) 문체(體).

말할 때의 말투와 글로 쓸 때의 어투가 다르냐고요?

일단 구어(口語)와 문어(文語)를 구분해 보죠. 구어(口語)란 입으로 하는 말이란 뜻이고 문어(文語)란 글을 쓸 때의 말을 의미합니다. 입으로 말할 때는 문법에 정확히 맞추어 말하기보다는 간략하고 쉬운 말로써 의사를 전달하지만, 글을 쓸 때는 좀더 주의를 기울여 정성 들여 쓴다거나 일상의 말에서는 안 쓰는 표현들을 씁니다. 때문에 구어와 문어의 차이가 생기는 것입니다.

훈민정음이 창제되기 전까지 우리는 이중 언어 생활을 해야 했습니다. 구어(口語)는 우리말을, 문어(文語)는 한문을 사용하여, 말은 우리 나라 말을 하면서도 글자와 글은 한문을 썼던 것이죠. 그래서 말의 순서도 달랐을 뿐만 아니라 웬만큼 공부를 하지 않은 사람들은 쉽게 이해할 수조차 없어 아예 글과는 담을 쌓고 산 사람들이 많았답니다.

그러면 훈민정음이 창제된 후에는 달라졌을 것이라고요? 천만에요. 한글이 만들어지고 나서도 크게 변화된 것은 없었습니다. 한문의 영향이 너무 강하여 글을 쓰는 사람들이 쉽사리 한글을 인정하려 하지 않았기 때문이죠. 물론 궁녀들의 편지라든가 몇몇 학자들에 의해 시도된 한글 소설들이 있기는 했지만 아무래도 주로 쓰이는 글자는 한문이었습니다.

그러다가 한글이 창제된 지 400여 년이 지난 개화기에 이르러서야 구어(口語)와 문어(文語)를 통일시키자는 언문일치운동이 유길준 등의 개화파에 의해 일어나기 시작해, 서서히 한문이 사라지고 한글이 널리 쓰이기 시작하였던 것입니다. 말과 글이 일치되어 간 것이지요.

그런데 한글만으로 표기했다고 해서 모두 언문일치는 아니며, 또한 한자말을 많이 섞어 썼다고 해서 무조건 문어체인 것은 아닙니다. 한글만을 쓰더라도 문어체일 수가 있고, 한자어를 섞어 쓰더라도 구어체일 수가 있기 때문입니다.

다음 문장을 보세요.

가) 허 그놈 자 - 알 하네. 무식한 놈이 어디서 저런 재주를 배웠담!

나) 한 해 동안 베풀어 주신 은혜 감사드리옵니다. 연말 잘 보내시고 돌아오는 새해에는 복 많이 받으시옵소서.

가)는 흔히 들을 수 있는 투의 글입니다. 어떤 재주 부리는 사람을 보고 말하듯이 문장을 쓴 구어체의 예이죠.

나)는 어려운 한자말은 없지만 일상에서는 잘 쓰지 않는 표현인 '감사드리옵니다', '받으시옵소서' 등을 쓴 문어체 문장입니다.

요즈음 우리는 친구에게 편지를 보내거나 일기를 쓸 때 대화하듯이 평소 쓰는 말을 그대로 문장에 쓰곤 합니다. 솔직하고 부담이 없다는 면에서 좋기는 하지만, 글이란 말의 진수를 모아 놓은 것이라 여겨 한자 한자 정성을 다해 점잖게 쓰셨던 옛 분들의 자세는 현대를 사는 우리가 본받아야 할 것이라고 생각합니다.

구연 口演

〔口 입 구, 演 이야기할 연〕
입으로(口) 재미있게 이야기함(演).

예전에는 여름철이면 마당에 돗자리를 깔고 온 가족이 모여 앉아 이야기를 나누었습니다. 특히 할머니의 옛날 이야기는 제일 재미있었지요. 할머니께서 해주신 이야기 한 자락을 소개합니다.

옛날 어느 마을에 까막눈인 무식한 사람이 서당을 차려 놓고 훈장 노릇을 했단다. 무식한 이 훈장님이 어떻게 학생들을 가르쳤느냐 하면, 학생들에게 예습을 해 오게 하고는, 자신은 가만히 앉아서, 그중 제일 잘난 아이를 시켜 "개똥이 읽어 봐라." 하고, 다 읽으면 "참 잘 읽었다. 다른 학생들도 모두 잘 알았겠지?"하고, 또 "을똥이도 해 봐라. 잘했다." 이런 식으로 매일매일을 넘기며 수업료를 받았단다. 그런데 어느 날 마을의 한 여인이 군에 간 남편으로부터 온 편지를 들고 급히 서당 안으로 들어왔단다. 그리고는 "훈장님, 이 편지를 지금 빨리 읽어 주세요."하고 다짜고짜 편지를 내밀었지 뭐냐. 무식한 훈장님이 얼마나 당황했겠냐? 훈장님은 진땀을 흘리며 쩔쩔맸단다. 드디어 학생들은 훈장님이 까막눈 무식이라는 것을 알게 되었고, 그 사람은 그 날로 마을에서 떠나고 말았단다.

이 이야기는 벌써 오래 전에 들은 것인데 아직도 기억에 생생하군요. 저의 할머니께서는 이야기를 어찌나 잘 하셨는지 우리 형제들은 웃고, 울고, 놀라고, 가슴 조이고 하면서 이야기를 들었어요. 이처럼 입으로(口) 재미있게 이야기하는(演) 것이 바로 구연(口演)입니다.

구조 構造

〔構 얽을 구, 造 만들 조〕
얽어(構) 만든(造) 전체적 꾸밈새.

구조(構造)는 분야에 따라 그 의미가 다양합니다.

거리에 가만히 앉아 지나가는 사람들을 바라보면 참으로 다양한 모습에 시간 가는 줄도 모를 때가 있습니다. 고운 얼굴, 미운 얼굴, 무서운 얼굴, 우스운 얼굴. 입, 코, 귀, 눈, 이마, 뺨 등 사람마다 얼굴을 구성하는 요소들은 똑같은데 전체적인 인상은 매우 다릅니다. 어떤 사람은 다 잘생겼는데 코가 돼지 코라서 밉게 보이기도 하고, 또 어떤 이는 하나씩 따로 봐서는 분명히 잘 생긴 구석이 없는데 얼굴 전체가 잘 조화되어 남들의 부러움을 사는 얼굴도 있습니다.

그런데 우리가 어떤 이의 얼굴을 볼 때 코, 입, 눈 등으로 따로 보지만 그 기억은 하나의 전체로 남게 됩니다. 결국 얼굴을 구성하는 여러 요소는 각각의 모양을 가지고 존재하지만 다른 것과 어울렸을 때 또 다른 하나의 전체를 만들고 있는 것입니다.

사람의 얼굴과 마찬가지로 문학 작품에서 말하는 구조는 작품 속의 여러 요소들이 상호 얽혀서 만들고 있는 문학 작품의 전체를 뜻합니다. 이러한 전체는 마치 사람의 얼굴을 볼 때처럼 개별적으로 존재하는 요소들과의 상호 관계 속에서 의미를 가지며, 개별 요소 역시 나름대로 독립되어 있으면서도 전체와의 관계 속에서 바라볼 때 더욱 의미가 있게 되는 것입니다.

국한문혼용체 國漢文混用體

〔國 나라 국, 漢 한나라 한, 文 글 문, 混 섞을 혼, 用 쓸 용, 體 몸 체〕
국문(國文)과 한문(漢文)을 섞어서(混) 사용한(用) 문체(體).

지금으로부터 약 100년 전 우리 나라는 일찍이 경험해 보지 못한 아주 심각한 입장에 처해 있었지요. 밖으로는 강대국들로부터 나라를 지키고, 안으로는 묵은 봉건제도를 타파해야 하는 큰 과제를 안고 있었습니다. 이를 감당하기 위해서는 교육을 통해 국민을 깨우치는 일이 필요했습니다. 때문에 누구나 쉽게 배워 사용할 수 있는 국문을 가르치는 일이 시급했습니다.

그러나 2천 년 이상 사용해 온 한문을 하루아침에 없애고 국문만을 사용할 수는 없었습니다. 그래서 유길준 선생은 국문(國文)과 한문(漢文)을 섞어서(混) 쓰자(用)고 주장하면서, 『서유견문』이란 책을 발표했습니다. 선생은 이 책을 통해서 개화를 주장하는 동시에, 최초로 국한문혼용체(國漢文混用體)의 시범을 보인 것입니다. 이 책은 당시 사람들에게 큰 충격을 주었는데, 특히 한문을 계속 사용하자고 주장했던 사람들은 국한문혼용에 크게 반발하고 나섰습니다. 그러나 한문에서 국문으로 흐르는 역사의 흐름은 막을 수 없었습니다. 몇 년 후에는 서재필·주시경 선생 등이 국한문혼용체마저도 비판하면서, 아예 우리글인 국문만을 사용해야 한다고 나섰습니다. 이후 많은 한글 학자들이 일제의 탄압에도 굴하지 않고 우리 글 연구에 힘썼고, 그 결과 오늘날과 같이 우리글 전용을 이루게 된 것입니다. 국한문혼용체(國漢文混用體)는 한문만을 사용하는 한문 전용 시대에서 한글 전용 시대로 넘어가게 하는 데 아주 중요한 역할을 했습니다.

권선징악 勸善懲惡

〔勸 권할 권, 善 선 선, 懲 징계할 징, 惡 악 악〕
선을(善) 권장하고(勸), 악을(惡) 징계함(懲).

선(善)은 착하고 좋은 것이라면, 악(惡)은 못되고 고약한 것입

니다. 여러분은 놀부와 흥부의 이야기를 잘 알고 있지요. 못된 놀부는 부모님이 물려주신 재산을 다 가로채고 동생 흥부의 가족을 내쫓습니다. 판소리 『흥부가』를 봅시다.

놀부를 볼작시면, 초상난 데 춤추기, 호박에 말뚝 박기, 다 된 밥에 재 뿌리기, 애 밴 사람 배 걷어차기, 불난 데 부채질하기, 우는 아이 볼기 치기, 갓난아이 똥 먹이기, 죄 없는 사람 뺨 치기……

놀부는 그야말로 온통 심술로 가득 찬 사람입니다. 그에 반해서 흥부는 물같이 깨끗하고 비단같이 고운 마음을 지닌 사람입니다. 결국 마음씨 착한 흥부는 커다란 복을 받지만 못된 놀부는 재앙을 입어 거지가 됩니다.

고전 소설에는 이처럼 선한 사람과 악한 사람이 같이 등장합니다. 처음에는 악한 사람이 선한 사람을 괴롭히고 못살게 굴지만, 끝내는 선한 사람이 승리하여 복을 받고 악한 사람은 벌을 받는 내용으로 마감합니다. 여러분이 알고 있는 『콩쥐팥쥐』, 『춘향전』 등이 다 그렇습니다. 이런 소설들을 읽으면서 사람들은 '착하게 살아야지'하고 마음먹습니다. 독자들에게 은연중, 선(善)을 권장하고(勸) 악한 짓(惡)을 해서는 안 된다고 경계(懲)하는 것입니다.

귀납 歸納

〔歸 돌아갈 귀, 納 들일 납〕
어떤 명제나 법칙을 만들 때, 구체적인 사실로부터 출발해서 결론으로 돌아(歸) 들어(納) 가는 방법.

연역 演繹

〔演 펼 연, 繹 찾을 역〕
일반적인 명제나 법칙을 펼쳐 놓고(演) 새로운 명제나 법칙을 이끌어 내는 (繹) 방법.

위의 두 가지는 새로운 법칙을 알아내는 방법인데, 중·고등학교에서 많이 배우지만 까다로운 내용이라 이해하기가 어렵습니다. 이번 기회에 한자 풀이를 확실히 해서 잊지 말도록 합시다.

먼저 귀납은 돌아서(歸) 들어(納) 간다는 뜻입니다. 귀납은 어떤 사실을 밝히는 데, 곧바로 파헤치는 것이 아니라 구체적인 작은 사실들을 모아 결론에 도달하기 때문에 돌아 들어간다고 한 것입니다. 어떤 생물체가 다리가 6개인 것을 보고, 그것이 어떤 종류인지 알아보려고 다음과 같은 방법을 써 보았습니다.

벌은 다리가 6개다.

나비도 다리가 6개다.

개미도 다리가 6개다.

거미도 다리가 6개다.

→ 그러므로 곤충은 다리가 6개다.

이 방법으로 그것이 곤충의 한 종류라는 결론을 내릴 수 있었습니다. 이렇게 구체적인 사실들을 가지고 결론에 이르는 방법을 귀납법(歸納法)이라고 합니다.

연역은 일반적인 명제나 법칙을 펼쳐 놓고(演) 새로운 명제나 법칙을 이끌어(繹) 내는 방법입니다. 실이 엉키면 넓게 펼쳐 놓고 실마리를 풀듯이 여러 사실을 잘 정리해서 새로운 법칙을 알아내는 것입니다.

이번엔 연역법을 이용하여 과학 법칙을 만들어 봅시다.

만유인력(萬有引力)은 모든 물체 사이에 당기는 힘이라는 뜻입니다. 그리고 큰 것은 작은 것보다 당기는 힘이 커서 지구 위의 물체는 모두 지구로 당겨지게 되어 있지요. 그런데 의문이 생겼습니다. 지구가 달보다 크니 달이 지구에 붙어야 하는데 왜 붙지 않을까요? 그래서 그 실마리를 원심력(遠心力 회전하는 물체가 중심에서 멀어지려는 힘)을 적용해 연역법으로 풀었습니다.

큰 것은 작은 것보다 당기는 힘이 크다.

지구는 달보다 당기는 힘이 크다.

회전하는 물건은 중심에서 멀어지려는 힘이 있다.

달은 지구에서 멀어지려는 힘이 있다.

→ 그러므로 지구의 당기는 힘과 달의 멀어지려는 힘은 같다.

바로 이렇게 알고 있던 일반적인 사실을 펼쳐 놓고 새로운 사실을 이끌어 내는 방법을 연역법(演繹法)이라고 합니다.

극본 劇本

〔劇 연극 극, 本 대본 본〕
연극이나 방송극의(劇) 기본 내용(本).

대본 臺本

〔臺 무대 대, 本 대본 본〕
무대의(臺) 극본(本).

각본 脚本

〔脚 다리·기본 각, 本 기본 본〕
극의 기본이(脚) 되는 이야기(本).

각색 脚色

〔脚 다리 각, 色 색 색〕
극본을(脚) 바꿈(色).

문　현 : 애들아! 이번 발표회에 연극을 해 보자. 장소는 강당을
　　　　빌리고, 의상은 우리 집이 옷가게니까 쉽게 구할 수 있
　　　　어. 별로 어렵지 않을 거야.

우　평 : 바보야! 제일 힘들고 중요한 게 빠졌잖아.

문　현 : 무엇이?

우　평 : 극본(劇本 시나리오)말이야. 극본은 연극의(劇) 가장 기
　　　　본(本)이 되는 건데, 다른 게 아무리 준비가 살돼 봐야

뭐 하니? 극본의 내용이 보잘것없으면 보는 사람들이
졸다가 중간에 다 나갈걸?

문 현 : 그런데 너 지금 극본이라고 했니? 나는 연극의 줄거리를
대본(臺本)으로 알고 있는데.

명 성 : 아냐! 나는 그걸 각본(脚本)이라고 배웠어. 선생님한테
여쭈어 보자.

선생님 : 모두 같은 말이에요. 연극이나 영화에서는 배우의 동작
이나 대사, 무대 장치 등 여러 가지를 함께 기록해야 하
는데, 그것이 극(劇)의 기본(本)이 되기 때문에 극본(劇
本)이라고 합니다. 극본은 희곡처럼 문학 작품으로 읽을
수 있는 것이 아니라, 꼭 연극이나 영화를 만드는 데만
쓰이는 글입니다. 그래서 영화나 연극에서 없어서는 안
될 가장 기본이 되는 중요한 것이랍니다. 이렇게 기본이
되다 보니 극본, 각본, 대본에 모두 본(本)이 공통으로
들어갔습니다.

대본(臺本)에서 대(臺)는 사방을 바라보기 위해 흙을
높이 쌓은 곳이란 뜻입니다. 이 한자의 아래 부분에 이
를 지(至) 자가 있는 것은 먼 곳을 바라보기 위해서는
높은 곳에 이르러야(至) 하기 때문에 넣은 것입니다. 무
대(舞臺)가 높은 곳에 있는 이유는 알겠죠? 그래서 무대
에서(臺) 사용하는 극본을(本) 대본이라고 합니다.

각본(脚本)에서 각(脚)은 다리를 뜻합니다. 사람이 활
동할 때 기본적으로 필요한 게 다리이죠. 또 어떤 건물
이나 구조에 있어서도 튼튼한 다리의 역할은 가장 중요
합니다. 마찬가지로 연극·영화에서 가장 기본이(脚) 되
는 이야기를(本) 각본(脚本)이라고 하지요.

각색(脚色)을 하나만 더 알아보죠. 흥부전으로 연극을
한다고 해 봐요. 그런데 과연 흥부전 이야기를 모르는
사람이 얼마나 있을까요? 그래서 이번엔 반대로 놀부는
성실한 사람, 흥부는 게으른 사람으로 이야기를 재미있
게 바꾼다고 합시다. 이렇게 원래 이야기를 다르게 바꾸
는 것을 각색이라고 합니다. 이야기에 색깔이 있지는 않
지만, 어머니께서 매일 칙칙한 색의 옷만 입다가 어느
날 화려한 색의 옷을 입고 외출한다면 "와 엄마 멋지다.
분위기가 완전히 바뀌었어요."하겠죠. 이렇게 색 때문에
분위기가 바뀌듯이 이야기의 분위기가 바뀌었으니 색
(色) 자를 써서 각색이라고 하지요. '우리 이야기를 색다
르게 바꿔 보자.'라는 말도 하잖아요. 잘 알았죠?

명　성 : 애들아! 우리 이번 연극의 제목을 『新(새로울 신)흥부전』
이라고 해서 각색해 보자. 재미있을 거야.

극적 劇的

〔劇 극 극, 的 ~하는 적〕
연극을(劇) 방불하게 하는(的). 극에서와 같은.

극(劇)이란 연극이나, 라디오 또는 텔레비전의 연속극 등을 모
두 일컫는 말입니다. 영어로는 드라마(drama)입니다. '적(的)'은
'~의', '~한', '~한 경향의', '~와 같은', '~한 성격의'와 같은 뜻
입니다. 낭만적, 추상적에서의 적(的)이 그 용례입니다. 따라서 극
적(劇的)은 '마치 극을 방불하게 하는', '마치 극과 같은'이란 뜻을
지닙니다. 영어로는 드라마틱(dramatic)입니다. 본래 영어의 드라

마틱을 우리말 극적으로 옮긴 것입니다.

6·25 때 헤어진 이산가족이 오랜 수소문 끝에 만나면 이를 두고 '40년만의 극적인 상봉'이라고 할 것입니다. 이처럼 극적이란 거의 불가능해 보이는 일이 마치 극에서나 볼 수 있는 것처럼 이루어진 경우에 사용합니다. 대개 매우 좋고 희귀하고 감격스런 경우에만 사용합니다. '극적인 만남', '극적인 탈출', '극적인 성사' 등은 모두 그 예입니다. 만약 내일 아침 잠에서 깨어났을 때, 뉴스에서 "드디어 남과 북이 극적으로 통일되었습니다."라고 한다면 얼마나 좋을까요?

긍정 肯定

〔肯 즐기어 할 긍, 定 정할 정〕
즐기어(肯) 단정하다(定). 좋다고 인정함.

부정 否定

〔否 아닐 부, 定 정할 정〕
아니라고(否) 단정하다(定). 그렇지 않다고 인정함.

부정 不定

〔不 아닐 부, 定 정할 정〕
일정하지(定) 않다(不).

<긍정(肯定)과 부정(否定)>

고3인 철수와 민수는 집안 형편도 비슷하고, 각자 지니고 있는 능력도 비슷한 아주 친한 친구입니다. 두 사람은 불철주야 아주

열심히 노력하여 드디어 대학 입학 시험을 치렀습니다. 결과는 철수, 민수 모두 떨어지고 말았습니다.

그런데 실패의 원인을 철수는 자신의 노력이 부족한 탓이라고 생각했습니다. 그래서 다시 한번 공부하기로 결심했습니다. 반면에 민수는 "나는 할 만큼 했어! 결코 내 잘못이 아니야! 가난한 집에 태어난 게 죄라면 죄야! 나도 남들처럼 고액 과외 받았으면 합격할 수 있었어!"라고 자포자기하여 대학을 포기하고 말았습니다.

1년 후, 열심히 공부한 철수는 바라던 대학에 합격하였고, 민수는 상심한 나머지 이리저리 방황하다가 군대를 갔습니다.

이 이야기에서 철수와 민수의 행동 차이는 무엇일까요? 철수는 늘 모든 일을 즐거이(肯) 할 수 있다고 마음속에 단정하여(定) 놓고 밀어붙인 데 비해, 민수는 항상 내 탓이 아니라고(否) 단정하는(定) 마음이 더 강하여 스스로 포기한 것이지요.

어떤 사람이 긍적적인 생각을 가지고 더욱 발전할 것인가, 부정적인 생각 때문에 쉽게 포기할 것인가는 그야말로 종이 한 장 차이입니다.

<부정(不定)>

"얘 수현야, 너 어제 배운 'To 부정사' 잘 알지? 다시 좀 가르쳐 줄래. 난 'To + 동사 원형'을 왜 'To 부정사'라고 하는지 도무지 모르겠어. 긍정은 'yes'고 부정은 'no'인데 부정사의 '부정'은 도대체 무슨 뜻이 되는 거야?"

"민정이 넌 하나만 알고 둘은 모르니 그렇지. 여기서 부정은 'no'란 말이 아니고 일정하지(定) 않다(不)는 뜻이야. 그러니까 부정사는 '일정하지 않게 여러 가지로 쓰는 말(詞 말 사)'이 되지.

'to + 동사 원형'의 형태를 어떤 때는 명사 역할로(To tell a lie is wrong. 거짓말하는 것은 나쁘다), 또 어떤 때는 형용사 역할, 부사 역할로도 쓰잖아. 결국 'to + 동사 원형'의 형태는 같지만 용법이 일정하지(定) 않고(不) 다양하니까 '부정사'라고 하는 거지. 이제 알겠니? 그리고 책 중에도 나오는 때가 일정하지 않은 책을 부정기(不定期) 간행물이라고 하잖아."

기사 記事

〔記 기록할 기, 事 사실 사〕
신문, 잡지 등에 사실을(事) 기록(記)하여 알리는 글.

기사(記事)는 말 그대로 사실(事)을 기록하여(記) 보는 사람들에게 알리는 글입니다. 기사를 쓰는 사람을 기자(記者)라고 합니다.

기사에서 가장 중요한 것은 정확성입니다. 만약 전날 프로야구 경기에서 OB가 LG를 이겼는데 신문에 반대로 나왔다고 합시다. LG팬들은 처음에 좋아하다가 나중에 사실이 아니라는 것을 알면 매우 화가 날 것입니다. 또 잡지에 일제 시대의 친일 매국노를 훌륭한 애국자로 소개했다면, 그 매국노에게 핍박을 받았던 사람들은 얼마나 분통이 터지겠습니까.

이렇게 신문이나 잡지의 기사는 많은 사람이 읽고 보는 글이기 때문에 정확한 사실만을 써야 합니다. 쓰는 사람의 생각이나 판단을 가지고 마음대로 쓴다면 안 되겠지요. 또 기사를 기사문(記事文)이라고도 합니다.

기술 記述

〔記 기록할 기, 述 진술할 술〕
기록함(記述).

기술(記述)이란 '일정한 주제에 따른 내용을 기록하다(記述).'라
는 뜻입니다.
맹구 씨는 환경오염의 심각성을 널리 알리기 위해, 물의 오염
에 대해 다음과 같이 기술했습니다.

우리는 흔히 공장 폐수가 강을 오염시키는 원인이라고 생각
하지만 실제는 가정에서 버리는 오물도 물을 많이 오염시킵니
다.
마요네즈 1컵을 정화시키는 데 물 240,000컵 이상이 필요하
고, 기름은 198,000컵, 간장은 30,000컵, 우유는 15,000컵, 된장
국은 7,200컵, 쌀뜨물은 600컵이 필요합니다.
그러므로 가정에서도 함부로 오물을 버려서는 안 될 것입니
다.

맹구 씨는 가볍게 생각하기 쉬운 가정의 폐수가 얼마나 심각한
환경오염의 원인인가를 기술하였습니다.
기술의 방법은 자신의 생각이나 주장을 많이 써서 독자를 설득
시키려 하기보다는, 오물을 정화시키는 데 필요한 물의 양을 차
례대로 나열하여 독자로 하여금 자연스럽게 오염의 심각성을 깨
닫게 하고 있습니다.
여러 면에서 맹구 씨의 기술은 매우 훌륭하다고 할 수 있습니
다.

기승전결 起承轉結

〔起 일으킬 기, 承 이을 승, 轉 바꿀 전, 結 맺을 결〕
일으키고(起) 잇고(承) 바꾸고(轉) 맺음(結).

  흔히 글의 내용을 논리 전개에 따라 서론, 본론, 결론의 세 부분으로 나누거나, '기승전결(起承轉結)'의 네 부분으로 나누기도 합니다.

  원래 기승전결이란 용어는 한시(漢詩)의 내용 전개 방법을 가리키는 말입니다.

  일반적으로 4행으로 쓴 한시의 내용은 1행에서 시상을 불러일으키고(起), 2행에서 불러일으켰던 시상을 이어서(承) 발전시키고, 3행에서 시상을 바꾸어(轉) 시에 변화를 주고, 4행에서 끝 맺음(結)하여 마지막에서 주제를 표현하는 방식으로 구성되고 있습니다. 그럼 번역된 한 편의 한시를 감상하면서 기승전결이 구체적으로 어떻게 나타나고 있는지 알아봅시다.

  가을 구름 아슬하고 온 산은 조용한데, (起)
  낙엽은 소리 없이 땅을 온통 붉게 물들이네. (承)
  시냇가 다리 위에 말을 세우고 돌아가는 길 물으니, (轉)
  몰랐었네! 이 몸이 한 폭의 그림 속에 있음을. (結)

  위 시는 조선 초에 정도전(? - 1398)이란 분이 '가을의 아름다운 단풍'을 노래한 것입니다. 마치 한 폭의 동양화를 보는 듯한 인상을 느낄 수 있지요.

  먼저 1행에서 고요한 늦가을 산을 제시하여 시상을 불러일으킨(起) 후, 이어서 2행에서 붉게 물든 단풍을 얘기하여 좀더 구체적으로 전개하고(承) 있습니다. 그런데 1, 2행에 표현했던 가을 산의 경치를 3행에서도 계속 반복한다면 시가 단조롭게 될 겁니다. 때문에 3행에서는 말을 세우고 돌아갈 길을 묻는 '사람'을 등장시켜 시의 소재를 자연에서 사람으로 바꾸어(轉) 변화를 주고 있습니다. 마지막 4행은 자신도 모르게 붉게 물든 가을 산에 마음을 빼앗긴 시인의 마음을 표현하여, 가을 산의 단풍이 얼마나 아름다운가를 묘사하며 이 시를 끝 맺고(結) 있습니다.

우리가 매일 보는 신문의 4단 만화를 자세히 보세요. 아마 그 내용 전개 방식이 기승전결로 되어 있는 경우가 많다는 것을 알 수 있을 겁니다. 이와 같이 기승전결은 글, 시, 만화 등에서 내용을 논리적으로 전개할 때 자주 사용되고 있습니다.

기행문 紀行文

〔紀 적을 기, 行 다닐 행, 文 글월 문〕
여행을 다니면서(行) 보고 느낀 바를 적은(紀) 글(文).

기행문(紀行文)이란 여행을 통해 보고 느낀 바를 기록한 글이라는 뜻입니다. 수학 여행이나 방학 등을 이용해 낯선 지방을 여행할 때 보고 들은 것이나 느낌, 감상 등을 기록하면 그것도 하나의 기행문(紀行文)입니다. 살던 곳을 떠나 낯설고 먼 지방을 여행하다 보면 새롭고 신기한 것이 많습니다. 이 때 우리는 이것을 기념하기 위해 사진을 찍기도 하고 기념품을 사기도 합니다. 그러나 이런 것은 누구나 다 하는 것이지요.

남들이 쉽게 하지 않으면서 또한 자기만의 세계를 만드는 방법을 찾아본다면 아무래도 기행문을 쓰는 것보다 나은 것은 없을 것 같습니다. 새롭고 낯선 것을 볼 때마다 느낌들을 기록으로 남겨 놓으면, 여행을 한 뒤 시간이 한참 흘러도 그 때의 느낌과 기억을 맛볼 수 있을 것입니다.

"사나이 가는 곳에 족적(足迹)을 남기라."

그 족적이 닿는 곳을 따라 기행문을 남기는 것은 하나의 문학 작품을 창작하는 것입니다. 기행문은 일정한 형식이 있는 것이 아닙니다. 매일 이어지는 일기 형식이 될 수도 있고, 친구에게 보내는 편지 형식일 수도 있습니다. 학자들이 특별한 목적을 위해서 적는 보고서 형식의 기행문도 있습니다.

옛 선비들은 기행문 쓰는 것을 매우 가치 있는 것으로 여겨서 좋은 기행문을 쓰고자 노력했습니다. 백두산, 금강산 같은 명산을 찾거나, 경주나 송도·평양 등의 옛 도읍지를 다녀온 후에는 반드시 기행문을 남겼습니다. 그런가 하면 멀리 중국에 사신으로 다녀오면서 보고 들은 것들을 기록으로 남기곤 했는데 대표적인 것이 박지원의 『열하일기』입니다. 또 일본에 사신으로 다녀오셨던 분들이 '해사록'이라는 이름으로 기행문을 남겼습니다. 기행문을 노랫가락 형식으로 읊은 기행가사(紀行歌辭)도 유행했습니다. 정철의 「관동별곡」은 기행가사의 대표적인 것이죠.

내간 內簡

〔內 안 내, 簡 편지 간〕
집안에 사는 부녀자들이(內) 주고받던 편지(簡).

다음은 조선 시대 한 여인의 편지를 요즈음 말로 옮긴 것입니다. 읽어 보세요.

그 사이 살아 있느냐? 네게 편지를 쓰려고 붓을 들었으나, 무어라 말해야 한단 말이냐? 창자가 끊어지는 듯 가슴이 아프고 답답하여 차마 쓸 수가 없구나. 밤이면 잠을 못 자고 수없이 담배를 피고, 낮이면 가만히 앉아 있을 수 없어, 마당을 거닐며 한숨을 쉬는구나. 차라리 네가 죽었더라면 이보다 더 서럽겠느냐? 네가 죽었다면 한번 통곡하고 말았을 것을, 이토록 가슴이 아프겠느냐?

시집간 딸이 남편을 잃고 청상과부가 되자, 어머니가 애끓는 심정을 글로 써서 보낸 것입니다. 이런 편지 글이 바로 내간(內簡)입니다. 내(內)란 집안에서만 생활해야 하는 양반층 여인들을 의미하는 것이고, 간(簡)은 편지란 뜻입니다. 따라서 내간(內簡)이란 집안에서만 살아야 했던 양반층 부녀자들이 주고받았던 편지입니다.

훈민정음이 창제된 후, 궁중에서 주로 궁녀들에 의해 한글 편지가 쓰이기 시작하던 것이, 점차 양반층의 여인들에게까지 확산되었습니다. 문밖출입이 자유롭지 못했던 양반층의 여인들은 내간으로써 친정과 자매, 친구들에게 안부를 전하고 정을 나누었습니다. 그래서 우리는 내간을 통하여 옛 여성들의 생활 모습과 기쁨·슬픔을 살펴볼 수 있습니다. 조선 시대 양반층 남성들에 의해 천대를 받던 한글이, 여성들의 내간으로 인하여 세련된 문체로 발전하였으니, 내간은 한글을 보급시키고 발전시키는 데 중요한 역할을 하였습니다.

내포 內包

〔內 안 내, 包 쌀 포〕
어떤 개념이 안으로(內) 포함하는(包) 사물의 특유한 속성.

외연 外延

〔外 밖 외, 延 미칠 연〕
어떤 개념이 밖으로(外) 미치는(延) 사물의 지시 범위.

　내포(內包)와 외연(外延)은 주로 논리학에서 사용하는 개념입니다. 인간의 내포 즉 인간의 특유한 속성은 무엇일까요? 고대 그리스의 철학자 플라톤이 "인간이란 두 발로 서서 걸어다니는 털이 없는 동물이다."라고 하자, 이에 반박하기 위해 어떤 철학자가 '털을 다 뽑은 닭 한 마리'를 가지고 와서 "이것이 바로 플라톤 당신이 말하는 사람이지요?"라고 했습니다. 플라톤은 바로 인간의 내포를 잘못 정의했기 때문에 이런 오류를 남겼습니다. '인간은 생산 도구를 제작하고 사용할 수 있는 동물'이라고 하는 것이 인간의 바른 내포가 됩니다. 그럼 인간의 외연은 무엇이라고 해야 할까요? 인간의 외연은 지구상에 존재한 오스트랄로피테쿠스부터 시작하여 오늘날에 이르기까지 과거와 현재의 모든 사람을 가리킵니다.

또 '화폐'라는 말에 대해 생각해 봅시다. 화폐에는 매우 다양한 종류가 있습니다. 천 원짜리도 있고 십 원짜리도 있고, 미국의 달러, 영국의 파운드, 독일의 마르크, 심지어 고대 사회의 경우에는 조개 껍질이 화폐로 사용되었습니다. 이러한 모든 것들을 우리는 화폐라고 부릅니다. 이렇게 화폐라는 개념이 외적으로 지시하는 범위, 곧 외연에는 무수히 많은 화폐가 포함됩니다. 그렇다면 나라마다 명칭과 모양이 다르고 시대에 따라서 재료도 다른 이러한 화폐가 내적으로 가지는 공통적인 속성, 곧 내포는 무엇일까요? 화폐는 각각의 모양은 다르더라도 상품(물건)과 교환되는 것을 본질로 합니다. 따라서 화폐의 내포는 '상품과 언제나 쉽게 교환할 수 있는 것'이라고 할 수 있습니다.

단어의 개념을 명확히 하는 것은 아주 중요한 일입니다. 그런데 개념을 명확히 한다는 것은 바로 개념의 내포와 외연을 명확히 한다는 말입니다. 우리가 자기의 의사를 표현하거나 견해를 주장할 때, 특히 어떤 문제를 둘러싸고 토론하거나 논쟁할 때는 무엇보다도 개념을 명확히 해야 플라톤과 같은 오류를 저지르지 않을 수 있습니다.

노동요 勞動謠

[勞 일할 로, 動 움직일 동, 謠 노래 요]
일(勞動)을 할 때 부르는 노래(謠).

노동(勞動)이란 일입니다. 노동은 인간의 역사만큼이나 오래되었고, 또 오늘날 인간의 문명도 노동(勞動) 없이는 성립이 될 수 없었을 것입니다. 우리가 지금과 같이 편리한 생활을 하는 것도 모두 앞서 살았던 분들의 피땀 어린 노동의 결과입니다. 이렇게 보면 노동이라는 것은 신성하고 중요한 것이라는 것을 알 수 있습니다.

시간이 흐름에 따라 노동의 형태도 많이 달라지고 있습니다. 옛날에는 지금과 같이 기계 문명이 발달되어 있지 않았기 때문에 일을 하려면 많은 일손이 필요했고, 따라서 여러 사람이 모여 하는 일이 많았습니다. 이 때 사람들은 동시에 힘을 모으기 위해 "영~차, 영~차" 하는 식의 구호를 사용하곤 하였는데, 여기에 가락을 붙여 흥얼대면, 힘든 일도 흥이 나서 쉽게 할 수 있었습니다. 이것이 바로 일하면서(勞動) 부르는 노래(謠), 즉 노동요(勞動謠)의 시작입니다.

노동을 할 때 부르는 노래로는 모심기 노래, 논매기 노래, 길쌈 노래, 해녀 노래, 바느질 노래 등 매우 다양한데, 이런 것들은 특정 음악가의 손에 의해 지어진 것이 아니라, 여럿이 일하는 과정에서 자연적으로 만들어진 것입니다. 그러면 논매기 노래 한 편을 감상해 보세요.

> 에히요 옹해야/ 에히여로 옹해야
> 이 농사를 지어 가꼬/ 에히여로 옹해야
> 첫째는 내 입 보양/ 에히여로 옹해야
> 둘째는 부모님 보양/ 에히여로 옹해야
> 우리가 이 농사 지어/ 에히여로 옹해야
> 에히여로 옹해야/ 에히여로 옹해야
>
> <「논매기 노래」 중에서>

논을 맨다는 것은 논에 난 김(잡초)을 제거하는 것으로 한여름에 해야 하는 중노동이었습니다. 힘든 몸을 달래기 위해서는 노래가 제일이니 다 같이 모여 논을 매면서 한 사람이 앞 구절을 선창하면, 나머지 사람들이 뒷부분을 따라 하는 형식입니다.

이렇게 노래를 하면서 일을 하면 힘든 줄도 모르고 일을 쉽게 끝마칠 수 있었던 것입니다. 노동요는 힘차게 일하면서 살아왔던 노동자들의 벗이었습니다.

▶ [민요 民謠] 참조

논설문 論說文

〔論 논할 논, 說 말할 설, 文 글 문〕
자신의 의견이나 주장을 편 글.

논(論)과 설(說)은 아주 오래 전부터 사용된 문체로서, 모두 일의 옳고 그름을 잘 따져서 설명하는 글입니다.

예를 들면 입시 제도, 학문, 정치 등의 주제를 잘 생각하여, 옳고 그름을 따지고 바른 방향을 제시하여 주는 글입니다.

조선 시대의 뛰어난 문인인 허균은 많은 논(論)을 지었는데, 그 중에서 「유재론 (遺才論)」을 소개합니다.

나는 옛날부터 지금까지 어느 나라에서도, 그 사람이 뛰어난 데도 첩의 아들(서얼)이라고 해서 버렸다거나, 그 어미가 다시 시집갔다고 해서 그 자식이 벼슬을 못했다는 것을 듣지 못했다.

우리 나라는 어머니가 천한 신분이거나, 다시 시집갔으면 그 자손은 대대로 벼슬을 하지 못하니 이는 큰 잘못이다.

첩의 몸에서 낳은 서얼과 개가한 여인의 자식들이 벼슬을 하지 못했던 당시의 제도가 잘못임을 비판하고, 인재라면 누구를 막론하고 공평하게 등용해야 한다고 주장한 글입니다. 이런 글이 바로 논(論)입니다.

설(說)도 논과 크게 다르지 않은데, 다만 내용이 조금 가벼운 편입니다. 논(論)과 설(說)을 합친 것이 바로 논설(論說) 또는 논설문(論說文)입니다. 일의 잘잘못, 사람의 잘잘못을 따져 잘못을 비판하고 잘한 점을 찬양하며 옳은 방향을 제시해 주는 글이 바로 논설문(論說文)의 역할입니다.

논증 論證

〔論 논리 논, 證 증명할 증〕
어떤 판단이 논리적으로(論) 옳다고 증명함(證).

조선 시대 이항복이라는 훌륭한 정치가가 있었습니다. 보통 '오성'이란 호로 더 잘 알려진 그가 어렸을 때 일어난 일입니다. 오성의 집 마당엔 감나무 한 그루가 있었는데, 가지 중에 일부가 옆집으로 넘어가 있었습니다. 옆집 하인들은 가지가 넘어왔으니 그곳에 달린 감은 자기네 것이라며 따먹지 못하게 하였습니다. 이 이야기를 들은 오성은 곧장 옆집으로 가서 그 집 대감(권율 장군) 방문 앞에 선 뒤 주먹으로 창호지를 뚫어 버렸습니다. 그랬더니 안에 있던 권율 장군은 깜짝 놀라며 "웬 놈이냐?"라고 했습니다. 오성은 "옆집 사는 오성이라 합니다. 지금 방 안에 있는 손이 누구의 손입니까?"라고 했더니 권율 장군이 "너의 손이다."라고 하자, 오성은 "그렇다면 저 담으로 넘어온 감나무 가지는 누구의

것입니까?"라고 했습니다.

그때서야 권율 장군은 모든 사실을 알아챘습니다. 그리고 주먹을 이용한 오성의 논리적인(論) 증명(證)에 감탄했습니다. 이 일 때문에 나중에 권율 장군은 오성 이항복을 사위로 삼았다고 합니다. 어떤 일을 해결할 때에는 무조건 자기 주장을 내세우기보다는 논리적으로 증명하여 설득시키는 것이 필요합니다.

논지 論旨

〔論 논할 논, 旨 뜻 지〕
말이나 글을 통해 논하려는(論) 중심 뜻(旨).

달수야, 안녕. 잘 있었니? 참으로 맑은 날이구나. 이 좋은 계절에 우리는 중간 고사를 보고 있단다. 오늘은 국어 시험을 보았지. 그중에 한 문제를 소개할 테니 잘 읽고 답을 찾아보아라.

오늘날 우리가 머리카락을 잘랐다고 해서 한국인이 서양인이 되었다고는 아무도 말하지 않는다. 서양식의 복장을 하고, 서양식 집에 산다고 해서, '나는 한국인'이라고 생각하지 않는 한국 사람은 없으며, 또 지금의 우리 문화가 곧 서양 문화라고 말하는 사람도 없다. 우리가 입는 옷이 비록 서양식이지만, 모두 우리의 치수에 맞고 우리의 마음에 드는 우리의 옷이며, 아파트에도 우리 식으로 온돌이 깔린다. 이렇게 볼 때, 외국에서 들여온 것이라고 해서 무조건 배척할 것이 아니다. 적절히 우리에게 맞도록 고쳐서 사용하면 훌륭한 우리 것이 될 수 있다.

(문) 윗 글의 논지(論旨)로 적당한 것은?
① 다른 나라의 문화와 우리 문화는 융합할 수 없다.
② 외국 문화도 잘 수용하면 우리의 문화로 발전시킬 수 있다.
③ 서양식 집에 살면 정신도 서양화되어야 한다.
④ 서양식 옷을 입는 것이 훨씬 편리하다.

논지(論旨)란 글을 지은이가 글을 통해 논하려는(論) 뜻(旨)이야. 그렇다면 답은 몇 번일까? 다음 너의 답장에서 그 정답을 기다릴게. 그럼 안녕.

좋은 봄날 친구 달순이 보냄.

대구법 對句法

〔對 맞설 대, 句 구절 구, 法 법칙 법〕
구절을(句) 서로 나란히 마주하게 하는(對) 표현법(法).

대구(對句)란 구절끼리 서로 맞선다. 즉 서로 짝을 이루어 대응하는 것을 말합니다. 대구를 활용한 법칙은 흔히 산문에서도 많이 등장하지만 특히 시(詩)나 노래, 한시(漢詩)에서 빼놓을 수 없는 중요한 기법으로 쓰입니다.

사랑은 차가운 유혹, 하지만 피할 수 없어.
이별은 때늦은 후회, 다시는 만날 수 없어.

위 노래는 한때 유행했던 유행가의 가사인데 서로 완벽하게 짝을 이루며 대응하는 형식을 취하고 있습니다. '사랑'은 '이별'과, '유혹'은 '후회'와 각각 짝을 이루며 맞서는 형태이지요. 대구란 이와 같이 글자 수가 같고 문장 성분이 같은 구절끼리 서로 짝을 이루고 있습니다. 그러면 한시의 경우를 한번 살펴봅시다.

月白 雪白 天地白 이요,
山深 夜深 客愁深 이라.

달도 희고 눈도 희고 온 세상이 흰 빛인데,
산도 깊고 밤도 깊고 나그네의 수심도 깊어라.

위 시는 우리에게 김삿갓으로 잘 알려진 방랑 시인 김병연의 한시입니다. 위에서 보면 달(月)과 산(山), 눈(雪)과 밤(夜), 천지

(天地)와 객수(客愁)가 각각 짝을 이루며 완전한 대구를 이루고 있지요. 한시에서 이와 같은 예는 이루 셀 수 없을 정도로 많답니다.

시는 노래이고 노래는 곧 가락(리듬)인데 이러한 리듬감을 표현할 때 대구법은 빼놓을 수 없는 중요한 역할을 합니다.

그러니까 대구가 없는 시는 앙꼬 없는 팥빵, 붕어 없는 붕어빵(?)이라고나 할까요?

대명사 代名詞

〔代 대신할 대, 名 이름 명, 詞 말 사〕
이름(名) 대신(代) 사용하는 말(詞).

인칭대명사 人稱代名詞

〔人 사람 인, 稱 일컬을 칭〕
사람을(人) 일컫는(稱) 대명사(代名詞).

지시대명사 指示代名詞

〔指 가리킬 지, 示 보일 시〕
사물을 가리켜(指) 보이는(示) 대명사(代名詞).

대명사(代名詞)는 말 그대로 이름을(名) 대신해(代) 주는 말입니다. 이것은 크게 사람을 대신하는 인칭대명사, 사물을 가리키는 지시대명사로 나눕니다. 그러면 대명사는 언제 필요한 것일까요?

미남이 : 이쁜아! 이쁜이는 호떡 좋아하니?
이쁜이 : 아니. 이쁜이는 호떡보다 호빵이 좋아.

위 문장에서 불필요하게 겹친 명사를 대명사로 바꿔 보죠.

미남이 : 이쁜아! 너는 호떡 좋아하니?
이쁜이 : 아니. 나는 그것보다 호빵이 좋아.

여기서 이쁜이(명사)는 '너'나 '나'로, '호떡(명사)'은 '그것'으로
대신하면 같은 말이 겹치지 않고 간결해집니다. 이 때 앞 문장의
'너', '나'는 사람을(人) 일컫는(稱) 인칭대명사이고, 뒷 문장의 '그
것'은 사물을 가리켜(指) 보이는(示) 지시대명사입니다.

대유법 代喩法

〔代 대신 대, 喩 비유할 유, 法 법 법〕
한 낱말 대신(代) 다른 낱말을 사용하여 비유하는(喩) 방법(法).

제유법 提喩法

〔提 들 제 喩 비유할 유 法 법 법〕
부분의 이름을 들어(提) 전체를 가리켜 비유(喩)하거나, 전체의 이름을 들
어(提) 부분을 가리켜 비유(喩)하는 방법(法).

환유법 換喩法

〔換 바꿀 환, 喩 비유할 유, 法 법 법〕
뜻이 가까운 다른 대상으로 바꿔(換) 나타내는 비유(喩) 방법(法).

대유법(代喩法)은 한 낱말 대신(代) 다른 낱말을 사용하여 비
유하는(喩) 방법으로 제유법과 환유법으로 나눌 수 있습니다. 먼
저 제유법의 예를 보세요.

어느 부잣집에 하인이 여럿 있었습니다. 그런데 주인이 욕심쟁이라서 하인들에게 일만 시키고 밥도 제대로 주지 않았습니다. 그리고는 아침부터 저녁 밤늦게까지 간섭하고 참견하였습니다. 화가 난 하인들은 참지 못하고 주인을 찾아가 따지며 외쳤습니다.

"자유가 아니면 빵을 달라."

이 소리를 들은 주인은 하인들이 밥보다는 빵을 먹고 싶어서 그러는 줄 알고 그 날 저녁에 빵을 한 조각씩 주었습니다. 그러자 하인들은 더욱 화가 나서 주인을 혼내 주고 쫓아내었다고 합니다.

이 주인은 참으로 어리석습니다. 하인들은 빵을 들어(提) 먹을 것 전체를 비유(喩)한 것인데 진짜 빵인 줄로 알았으니 말입니다. 이렇게 제유법(提喩法)은 부분의 이름을 들어 전체를 가리켜 비유하는 표현법입니다. 위 이야기에서 주인은 쫓겨나기 전에 하인들에게 "누굴 허수아비로 아나? 너희가 뭔데 나를 쫓아내는 거야?"라고 했답니다. 그러면 여기서 허수아비는 어떤 의미를 대신한(代) 것일까요? 허수아비는 논이나 밭에서 실제 새를 쫓아내지는 못하고 사람 모양만 갖춘 물건이지요. 즉 주인이 하고 싶은 얘기는 '내가 힘이 없어 너희들에게 쫓겨난 줄 아느냐?'라는 뜻이지요. 이렇게 '힘이 없다'는 뜻을 '허수아비'로 바꾸어(換) 비유(諭)하는 방법(法)을 환유법(換喩法)이라고 합니다.

그러나 이렇게 사물의 일부분으로 전체를 비유하는 제유법과, 사물의 부분적 특성으로 그 사물을 비유하는 환유법은 구분상 모호한 면이 있기 때문에, 학교 시험에서는 주로 둘을 묶은 대유법만을 묻는 문제가 나옵니다.

대중소설 大衆小説

〔大 큰 대, 衆 무리 중, 小 작을 소, 說 말 설〕
많은 사람들이(大衆) 좋아하고 즐길 수 있는 소설(小說).

70년대 우리 소설계에는 순수소설과 대중소설이라는 말이 유행했습니다.

순수소설을 쓰는 사람들은 소설이란 독자들이 좋아하는 것에만 맞추어 써서는 안 되며, 깊이 있고 참되고 순수한 소설만이 좋은 소설이라고 하면서 대중소설을 비난했습니다.

대중소설을 옹호하는 사람들은, 소설이란 일단 독자가 쉽고도 재미있게 읽을 수 있어야 한다고 주장하면서, 어렵고 딱딱한 내용의 일부 순수소설이 독자의 외면을 받고 있는 것을 지적했습니다. 당시 인기 있는 대중소설 작가로는 최인호, 한수산, 김홍신 등이 있었는데, 그들의 소설은 인기를 끌어 많이 읽혔습니다. 사람들이 소설과 가까이하는 데 나름대로 공헌했다고 볼 수 있습니다.

그럼 대중소설(大衆小說)이란 무엇일까요? 먼저 대중(大衆)이란, 대다수의 많은 사람들을 말합니다. 그러니까 다수의 많은 사람들이 좋아하고 즐길 수 있는 소설이 바로 대중소설입니다. 많은 사람들이 재미있게 읽고 즐길 수 있으려면 내용과 주제가 너무 어렵거나 전문적이어서는 안 됩니다.

대중소설이란 이와 같이 사람들이 살아가는 모습들과 사랑, 미움, 이별 등의 무겁지 않은 주제들을 가지고 흥미 위주로 쓴 것입니다.

도치법 倒置法

〔倒 거꾸로 도, 置 둘 치, 法 법 법〕
말의 순서를 거꾸로(倒) 놓는(置) 표현법(法).

자기의 주장을 강조하기 위해 말의 순서를 거꾸로(倒) 놓는(置) 표현법(法)을 도치법(倒置法)이라고 합니다.

이런 책 제목이 있었죠. '나는 소망한다. 내게 금지된 것을'. 그 제목을 원래의 일반적인 말의 순서대로 배열하면 '나는 내게 금지된 것을 소망한다.'가 되어야 합니다. 그러나 '금지된 것'을 강조하기 위해 문장의 앞에 가야 할 '금지된 것을'이라는 말을 뒤에 놓은 것입니다.

그러니까 도치법을 써서 무엇인가 강조하고 싶을 때는 그 강조하고 싶은 말을 뒤에 놓으면 되는 것입니다.

돈호법 頓呼法

〔頓 갑자기 돈, 呼 부를 호, 法 법 법〕
갑자기(頓) 불러(呼) 사람의 관심을 집중시키는 방법(法).

　"국민 여러분! 이제부터 부정 부패의 씨앗을 이 땅에서 확실
히 종식시킵시다아!"

　어디선가 들어 본 듯한 말투이지요? 말 앞머리에서 '국민 여러
분!'이라고 한 걸 보면 그 뒤에 나올 얘기를 모든 국민들이 꼭 들
어 봐야 할 것 같지 않습니까?

　여러분은 웅변하는 걸 들어 보셨을 겁니다. 연설자가 단상을
힘껏 내리치며 "여러분! 이제는 ……해야 한다고, 이 연사 두 손
모아 간절히 간절히 외칩니다."라고 하면서, 입에 거품을 물고,
두 손은 주먹을 쥐고 높이 흔들어 대며 자기 생각을 소리 높여
외쳐 댑니다.

　또 대통령이나 국회의원 선거 유세에서 "여러분, 국민 여러
분!", "친애하는 시민 여러분!" 등처럼 누군가를 힘차게 불러 대
는 이유는 뭘까요? 바로 자기 애길 들어 달라는 것입니다.

　이렇게 자기 말을 듣는 사람들이나 자기 글을 읽는 사람들의
주의를 모으고 관심을 끌기 위해서, 갑자기(頓) 누군가를 부르거
나(呼) 또는 어떤 사물을 부르는 방법을 바로 돈호법(頓號法)이
라고 합니다.

　여러분이 좋아하는 그룹 '부활'의 옛날 노래 중에 '희야'라는 곡
이 있죠. 그 가사는 이렇게 시작하죠. '희야! 날 좀 바라봐. 너는
나를 좋아했잖아. 너는 비록 싫다고 말해도 ……' 그 가사의 첫머
리에서 '희야!'라고 부른 것도 역시 돈호법입니다.

동물담 動物談

〔動 움직일 동, 物 사물 물, 譚 이야기 담〕
동물을(動物) 사람인 것처럼 꾸며 만든 이야기(談).

여러분은 어릴 때부터 동물 이야기를 들으면서 자랐습니다. 「서울 쥐와 시골 쥐」, 「거북이와 토끼의 경주」, 「고양이 목에 방울 달기」, 「거북이와 토끼 이야기」와 같은 것이 바로 그것입니다.

이런 이야기에는 모두 동물들이 등장하여 마치 사람처럼 서로 대화를 주고받고, 생각하고, 행동합니다. 이처럼 동물(動物)을 마치 사람처럼 꾸며 만든 이야기(談)를 동물담(動物談)이라고 합니다.

동물담은 동서양 모두 아주 오랜 옛날부터 있었습니다. 서양에서는 그리스에 이솝이라는 뛰어난 이야기꾼이 있었는데, 그가 기원전 6세기경에 살았으니까, 지금으로부터 약 2600년 전 사람입니다. 얼마나 오래 전부터 동물담이 있었는지 알겠지요. 동양에서는 인도와 중국은 물론이고 우리 나라에서도 일찍부터 동물담이 생겼는데, 나중에는 동물 소설로 발전했습니다. 「단군신화」에도 곰과 호랑이가 등장하니, 이것도 일종의 동물담이라고 할 수 있습니다.

대개의 동물담은 결말에서 악하고 교활한 동물은 벌을 받고, 착하고 순한 동물은 복을 받는 내용으로 되어 있어서, 이야기를 듣는 사람들이 자신도 모르게 착하게 살아야겠다고 마음을 먹습니다.

동물담을 흔히 우화(寓話)라고 하는데, 우화에 동물담이 속한다고 할 수 있습니다. 우화는 동물뿐만 아니라 꽃이나 나무, 해와 달 등의 사물들을 마치 사람처럼 꾸며 만든 이야기인데, 그 속에 교훈적이거나 풍자적인 뜻을 붙여(寓 붙일 우) 만든 이야기(話)이기에 우화(寓話)라고 하는 것입니다. 그러니까 동물담은 우화의 한 부분입니다.

▶ [우화 寓話] 참조

동음이의어 同音異義語

〔同 같을 동, 音 소리 음, 異 다를 이, 義 뜻 의, 語 말 어〕
소리(音)는 같으면서(同) 뜻(義)이 다른(異) 말(語).

자전에서 '성' 자를 찾아보세요. 成, 城, 誠, 性, 星······. 발음은 같은데 모양이 다른 글자가 많지요. 한자로 단어를 적을 때는 발음이 같더라도 그 뜻이 다르리라는 것을 쉽게 알 수 있습니다. 그런데 한글로만 단어를 적을 경우 우리는 종종 무슨 뜻인지 이해 못할 경우가 있습니다. 바로 우리가 쓰는 말 중에는 음은 같은데(同音) 뜻이 다른 말(異義語)이 적지 않기 때문입니다.

사춘기에 있는 중학생을 대상으로 실시한 어떤 설문지에 이런 질문이 있었지요.

(문) 여러분이 지금 가장 고민하는 문제는 무엇입니까?

　　① 성적 문제 ② 가정 문제 ③ 교우 문제 ④ 진로 문제

여러분은 위 질문의 보기를 보고 고개를 갸우뚱하지 않았나요? 선생님은 보기 ①번이 무슨 뜻인지 한참을 생각했습니다. 왜냐고요? 여기서 가리키는 '성적'이 사춘기에 들어 호기심 많은 성을 의미하는 '성적(性的)'인지 학교에서 공부한 결과가 기록된 '성적(成績)'인지 궁금했거든요. 하는 수 없이 설문지를 작성한 분께 물어 보고서야 의문이 풀렸습니다. 우리는 때때로 동음이의어 때

문에 혼란을 일으킬 수 있습니다. 이처럼 혼란을 일으킬 가능성이 있는 말은 한자를 옆에 써 주거나 미리 한번 더 생각하여 구별할 수 있는 다른 말로 바꿔 써 주는 것이 좋겠습니다.

동인지 同人誌

〔同 같을 동, 人 사람 인, 誌 잡지 지〕
뜻이나 취미, 생각이 같은(同) 사람(人)들이 모여 만든 종합 잡지(誌).

　동인지(同人誌)란 뜻이나 생각이 같은 사람들끼리 서로 모여 만든 종합 잡지를 말합니다. 우리 나라에서 생긴 본격적인 의미의 동인지로는 『창조』, 『폐허』, 『백조』 등이 있지요. 이러한 동인지들은 우리 나라의 근대문학이 어떻게 생겨나고 발전하게 되었는지를 알게 해주는 역할을 하므로 살펴 둘 필요가 있습니다.
　『창조』는 김동인, 주요한 등이 만든, 말 그대로 최초의 문예 동인지로 본격적인 자유시를 우리 나라에 소개했지요. 『폐허』는 이름에서 느껴지듯이 염상섭, 오상순 등이 1920년에 만든 다소 어둡고 퇴폐적인 색채를 지닌 책이지요. 반면에 『백조』는 이상화, 현진건 등이 만들었던 낭만주의의 대표적인 동인지입니다. 이렇게 우리의 동인지들을 잘 살펴보는 일은 당시의 사회적인 모습이나 시대적 배경을 잘 읽을 수 있는 거울의 역할을 한답니다.
　한편 우리 나라의 동인지는 일제 시대라는 문화적 암흑기 속에서 태어나 다소 어둡고, 우울하며, 감상주의적인 경향을 보이기도 했습니다. 문화적인 자생력이 없는 가운데 서구의 뿌리 없는 퇴폐주의가 문단을 지배한 적도 있었지요. 그러나 조국의 아픈 현실을 뜨거운 가슴으로 노래하는 작가와 동인들도 많았습니다.

지금은 남의 땅 – 빼앗긴 들에도 봄은 오는가?

나는 온몸에 햇살을 받고
푸른 하늘 푸른 들이 맞붙은 곳으로
가르마 같은 논길을 따라 꿈속을 가듯 걸어만 간다.

위 시는 이상화의 「빼앗긴 들에도 봄은 오는가」라는 시의 한 부분입니다. 조국을 잃은 청년의 고뇌와 민족적인 서정이 잘 드러나 있지요.

동인지에는 이처럼 여러 가지 정감과 다양한 문학적인 이상이 함께 어우러져 있어 오늘날 우리 문학의 뿌리를 이루고 있는 것입니다.

두괄식 頭括式

〔頭 머리 두, 括 묶을 괄, 式 방식 식〕
글의 앞머리에(頭) 주제를 묶어 놓는(括) 방식(式).

미괄식 尾括式

〔尾 꼬리 미, 括 묶을 괄, 式 방식 식〕
글의 꼬리 부분에(尾) 주제를 묶어 놓는(括) 방식(式).

양괄식 兩括式

〔兩 둘 량, 括 묶을 괄, 式 방식 식〕
글의 머리와 꼬리 양 쪽에(兩) 주제를 묶어 놓는(括) 방식(式).

송준경 선생은 ㄷ 신문사의 논설위원으로 계십니다. 젊으셔서 일선 기자로 직접 뛰실 때는 집에 안 들어오시는 날도 많았고, 한 밤중에도 전화가 오면 급히 취재하러 나가셨습니다. 줄곧 정치와 사회에 관한 기사를 많이 쓰셨는데, 유신 독재 시절에는 사실 그 대로를 쓰셨다고 해서 해직되신 적도 있었습니다. 언젠가 나에게 자신의 글 쓰는 방식에 대해서 이렇게 말씀하신 적이 있습니다.

젊을 때는 급한 마음에 주제를 앞머리(頭)에서 일단 묶어 주는(括) 방식(式)인 두괄식(頭括式)으로 많이 썼지요. 간혹 앞에서 주제를 말하고 뒤에서 다시 한번 강조하여, 양쪽(兩)에서 주제를 묶어 주는(括) 방식(式)인 양괄식(兩括式)으로 쓰기도 했답니다. 한창 이런 방식으로 쓸 때가 유신 독재 시절이었지요. 79년에 부산과 마산에서 크게 시위가 일어났습니다. 나는 곧장 그 곳으로 달려가 취재를 해서, 처음에 두괄식으로 기사를 썼다가 나중에 양괄식으로 고쳤지요. 그러나 정보부의 기사 검열에 걸려 끝내 싣지 못했습니다. 나는 요즘 미괄식(尾括式) 논설을 많이 쓴답니다. 미괄식으로 쓰려면 인내심이 필요하지요. 왜냐하면 앞에 여러 구체적인 실례를 들고 끝(尾)에 가서 이를 묶어(括) 결론을 내리는 방식(式)이기 때문입니다. 독자들을 차분하게 이해시킬 수 있는 방식이지요.

두음법칙 頭音法則

〔頭 머리 두, 音 소리 음, 法 법 법, 則 법칙 칙〕
특정한 한자가 단어 첫머리(頭)에 올 때 음(音)이 바뀌는 법칙(法則).

두음법칙이란 ㄴ 이나 ㄹ로 시작되는 특정한 한자가 단어의 앞머리에 올 때, 우리말로 발음하기가 불편하기 때문에, 원래 ㄴ, ㄹ 이던 한자의 음을 ㅇ 이나 ㄴ 으로 바꾸어 표기하고 발음하는 현상을 말합니다. 그럼 각각의 경우를 보면서 알아보겠습니다. 먼저 ㄴ 으로 시작하는 한자가 단어 첫머리에 와서 두음법칙에 따라 ㅇ 으로 변하는 경우를 보겠습니다. '女子'를 원래의 한자음대로 읽으면 '녀자'가 되지만 단어 앞머리에서 '녀'로 발음하는 것보다는 '여'로 읽는 것이 편하기 때문에 '여자'로 쓰고, 읽을 때도 '여자'로 읽습니다. 또 나이의 높임말인 '年歲'도 '년세'가 아니고 '연세'로 읽습니다.

이번엔 ㄹ 로 시작되는 한자가 단어의 첫머리에 와서 두음법칙에 따라 ㅇ 으로 바뀌는 경우를 몇 가지 보겠습니다. '良心'에서 '良' 자는 어질 '량'입니다. 하지만 '良心'에서는 '량심'이 아니고 '양심'이라고 읽고 쓰도록 되어 있습니다. 또 '流行'을 '유행'으로, '理髮'을 '이발'로 읽고 쓰는 것도 두음법칙에 따른 것입니다.

ㄹ 로 시작하는 한자가 단어 첫머리에서 ㄴ 으로 변하기도 합니다. 예를 들면 '來日'을 '내일'로 표기하는 경우, '樂園'을 '낙원'으로, '老人'을 '노인'으로 표기하는 경우가 다 두음의 ㄹ 이 ㄴ 으로 변하는 경우입니다.

등단 登壇

〔登 오를 등, 壇 단 단〕
단(壇)에 오름(登). 어떤 분야에서 활동을 시작함.

단(壇)이란 본래 흙을 높이 쌓고 그 위를 평평하게 만들어 어떤 행사를 하도록 만든 것입니다. 꼭 흙으로 쌓지 않더라도 나무나 돌 등을 사용해서 평지보다 높이 만든 것도 단이라고 부릅니다. 예를 들어 제사를 드리는 제단(祭壇), 꽃을 심는 화단(花壇), 선생님이 가르치시는 교단(敎壇), 교수님이 강의하시는 강단(講壇), 연설을 하는 연단(演壇) 등은 모두 평지보다 높습니다. 이런 단(壇)에 오르는(登) 것이 바로 등단(登壇)입니다.

단의 의미는 확대되어 '어떤 특수한 분야, 범위, 사회'라는 의미로 쓰이지요. 그림을 그리는 화가들이 모이는 집단이나 분야를 화단(畫壇)이라 하고, 연극하는 분야를 극단(劇壇), 문학을 하는 문인들의 사회를 문단(文壇)이라고 하는 것이 그 예입니다. 이런 특정 분야나 사회에 가입하여 활동을 시작하는 것도 등단(登壇)이라고 합니다. '신춘 문예를 통해 등단하였다.'라고 할 때, 신춘 문예를 통해 문학을 하는 단체나 사회에 들어가 정식으로 활동하게 되었다는 말이지요.

口

만연체 蔓衍體

〔蔓 덩굴 만, 衍 퍼질 연, 體 문체 체〕
식물의 덩굴(蔓)이 뻗듯이(衍) 말을 길게 쓴 문체(體).

간결체 簡潔體

〔簡 간단할 간, 潔 깨끗할 결, 體 문체 체〕
내용을 압축·표현함으로써 선명한 인상을 주는 간결한(簡潔) 문체(體).

우리는 평소에 글을 길게 쓰기도 하고 짧게 쓰기도 합니다. 아래 글은 신채호가 쓴 「조선 혁명 선언」의 일부입니다.

조선 민족의 생존을 유지하자면 강도 일본을 쫓아내야 하며, 강도 일본을 쫓아내려면 오직 혁명으로써 할 뿐이니 혁명이 아니고는 강도 일본을 내쫓을 방법이 없다.

이것은 문장의 길이가 긴 만연체로 쓴 글입니다. 이 문장을 간결하게 고쳐 볼까요.

조선 민족의 생존을 유지하려면 강도 일본을 쫓아내야 한다. 그것은 오직 혁명으로써 가능하다.

같은 내용이지만, 위의 만연체로 길게 쓴 글은 꼬리에 꼬리를 물고 이어져 있어 지루하고 주의 깊게 읽지 않으면 그 의미를 놓치기 쉽습니다. 그렇지만 지은이의 강한 주의·주장을 강조하여 나타낼 수 있고, 섬세하고 풍부한 표현이 가능합니다. 반면에 간결하게 쓴 글은 그 의미를 비교적 선명하게 알 순 있지만, 깊이 있는 표현이 어렵기도 합니다.

　대개 자신의 주장을 싣거나 복잡한 설명이 요구되는 글일수록 문장이 길어지고, 수필이나 편지 글처럼 자신의 감정을 간략하게 표현하는 글은 간결한 편입니다. 그러므로 글은 의도한 목적과 독자의 수준을 고려하여 적절하게 써야 합니다.

명제　命題

〔命 이름 지을 명, 題 제목 제〕
제목을(題) 정함(命). 어떤 주장이나 판단을 나타내는 문장.

　명제(命題)는 본래 제목(題)을 정한다(命)는 의미였지만, 요즘에는 어떤 문제에 대한 판단이나 주장이라는 의미로 확대되어 쓰이고 있습니다. '담배는 건강에 해롭다.'라는 내용으로 이야기를 해봅시다.

　담배엔 4,000여 가지 성분이 있는데, 그중에 1,200가지는 몸에 해롭다고 합니다. 특히 '니코틴'이라는 성분은 독성이 강해서 신경·소뇌·연수·척추 등을 자극·마비시킵니다. 만약에 담배 2~3갑에서 니코틴을 뽑아 말에게 주사를 놓으면 금방 죽을 정도로 독성이 강하다고 합니다. 그리고 '타르'라는 성분은 혈액 속으로 들어가 세포를 죽여 암을 일으키기도 합니다. 또 담배 연기에는 일산화탄소가 있는데, 마시면 몸 속의 산소가 줄어들어 피부를 빨리 늙게 합니다. 이외에도 담배의 해로운 점은 너무나 많습니다.

이 글의 제목을 정해 볼까요? '건강에 해로운 담배'라고 할 수 있습니다. 또 이 글에서의 주장이나 판단을 한마디로 표현해 볼까요? '담배는 건강에 해롭다.'라고 할 수 있습니다.

이처럼 제목을 정하는 것, 또는 그 제목을 명제라 하고, 다른 하나 어떤 문제에 대한 판단이나 주장을 한마디 문장이나 기호로 표현한 것도 명제라고 합니다.

목가 牧歌

〔牧 기를 목, 歌 노래 가〕
목장에서 가축을 기르는(牧) 목동이 부르는 노래(歌).

목가적 牧歌的

〔牧 기를 목, 歌 노래 가, 的 ~하는 적〕
목동이 부르는 노래(牧歌)처럼 소박하고 평화로운(的).

「고독한 양치기」란 연주곡을 들어 본 적이 있지요. 쉴 사이 없이 빠르고 복잡하게 돌아가는 생활 속에서 받은 스트레스가 싹 풀리고, 마치 내가 고요한 언덕에서 양치는 어린 목동이 된 느낌을 주는 곡입니다. 수많은 양떼들이 안전하게 풀을 뜯도록 만들어 놓고, 한가롭게 먼 하늘과 지평선을 바라보는 목동의 입에선 과연 어떤 노래가 울려 퍼질까요? 아마도 고독한 자신의 마음과 어머니 품처럼 따스한 자연을 아름답게 표현한 노래일 겁니다.

그래서 우리는 목동의(牧) 노래(歌)가 주는 이미지처럼 소박하며 한가롭고 평화로운 느낌을 표현할 때 '목가적(牧歌的)'이라는 말을 쓰곤 합니다.

묘사 描寫

〔描 그릴 묘, 寫 베낄 사〕
사물을 있는 그대로 생생하게 그려냄(描寫).

묘(描) 자는 '그리다'의 의미가 있고, 사(寫) 자는 '베끼다'의 의미가 있습니다. 그러니까 묘사(描寫)는 사물을 있는 그대로 생생하게 그려 내는 것입니다.

사물의 모습이나 상태, 사람의 마음 등을 그림을 그리듯이 나타내는 표현 방법입니다.

예를 들면 이런 표현입니다.

군수의 얼굴은 거무테테하였으되 키가 설멍하게 큰데다가 떡 벌어진 어깨와 길고 곧은 다리의 임자이니 세비로나 입고

금테 안경이나 버티고 단장이나 두르고 나서면 그 풍채의 훌륭하기가 바로 무슨 회사의 사장이나 취재역같이 보이었다.

현진건의 소설 『지새는 안개』의 일부분입니다. 현진건은 군수의 훌륭한 풍채를 세세하게 묘사하였습니다.

통일 신라 시대의 뛰어난 화가로 솔거가 유명합니다.

당시 신라는 삼국 통일을 이룬 후, 태평성대를 누려 불교는 더욱 융성하였으며 문화도 꽃피웠습니다. 나라에서는 이를 기념하여 이제까지 볼 수 없는 크고 아름다운 절 황룡사를 세우기로 하였습니다. 공사가 거의 다 이루어지자, 사람들의 관심은 절의 벽화를 누가 그릴까 하는 데 있었습니다. 당시의 뛰어난 화가들이 모두 벽화를 그려 보고 싶어했지만, 드디어 솔거가 임명되었습니다.

솔거는 무엇을 그릴까 여러 날을 고민하다가 드디어 붓을 잡았습니다. 붓이 힘차고도 빠르게 움직이면서 늙고 큰 소나무가 그 모습을 드러냈습니다. 그림이 완성되었다는 소문이 퍼지자, 서라벌은 물론이고 먼 지방에서도 구경꾼들이 구름처럼 몰려들었습니다. 많은 이들이 그림 앞에 모여 감탄을 하며 보고 있을 때였습니다. 수십 마리의 새들이 날아와 그림 속의 소나무에 앉으려다가, 그만 벽에 부딪쳐 떨어지고 말았습니다. 그림이 워낙 실제 소나무처럼 잘 묘사(描寫)되어서, 새들이 진짜 소나무로 착각한 것입니다. 이 그림이 바로 「노송도」입니다. 솔거는 어릴 때부터 그림에 유달리 소질이 있었는데, 늘 주변에 있는 나무·새·꽃·산·돌 등의 모습을 자세히 관찰하고 그 모습을 생생하게 묘사하려고 노력했습니다. 오랜 노력 끝에 예술가 솔거의 이름은 세상에 빛나게 된 것입니다.

무명씨 無名氏

[無 없을 무, 名 이름 명, 氏 성씨 씨]
이름(名)이 전해 오지 않는(無) 어떤 사람(氏).

무명(無名)이란 이름이 없다는 뜻입니다. 실제 이름이 없는 경우도 있지만, 유명하지 않은 경우도 무명이라 하고, 이름이 전해 오지 않는 경우도 무명이라 합니다.

지금 인기 있는 가수나 탤런트 등의 연예인들도 인기를 얻기 전에는 무명 가수, 무명 탤런트 시절을 겪었겠죠. 이럴 때 무명이란 실제 이름이 없어서가 아니고, 이름은 있지만 유명하지 않다는 말입니다.

무명씨에서의 무명(無名)이란 누가 지었는지 전해지지 않아서 그 이름을 모른다는 뜻입니다. 씨(氏)란 한자는 사람의 성명 뒤에 붙이는 존칭어입니다. 그러니 무명씨란 이름을 모르는 어떤 사람이라는 뜻입니다. 실명씨(失名氏)라는 말과 바꾸어 쓸 수 있습니다.

과거의 문학 작품들 중에는 누가 지었는지 작자의 성명을 알 수 없는 작품들이 많습니다. 바로 무명씨들의 작품입니다. 그러면 무명씨의 시조 한 수를 감상하겠습니다.

부채 보낸 뜻을 나도 잠깐 생각하니
가슴에 붙은 불을 끄라고 보내도다.
눈물도 못 끄는 불을 부채라서 어이 끄리.

시조의 내용이나 투로 보아서 여인의 작품으로 추정되나 구체적으로 누가 지었는지는 알 수 없습니다. 하지만 작품은 매우 뛰어나서, 감동을 주기에 충분합니다. 사랑의 감정을 불에 비유한 것이나, '눈물도 못 끄는 불을 부채라서 어이 끄리.' 하는 표현 등은 특히나 압권이라고 하겠습니다.

무속 巫俗

〔巫 무당 무, 俗 풍속 속〕
무당(巫)의 풍속(俗)에서 비롯된 신앙. 무속 신앙.

무가 巫歌

〔巫 무당 무, 歌 노래 가〕
무당(巫)이 부르는 노래(歌).

　무속(巫俗)은 무당(巫)이 굿을 통해 신에게 사람들의 소원을 빌어 주는 민간의 풍속(俗)을 말합니다. 무속은 상당히 오랜 세월 동안 우리 나라 사람들이 신앙해 온 우리의 토속 종교입니다.

　종교는 인간이 살아가야 할 삶의 방법과 내용을 말해 주고 그 것에 따라 살도록 요구하기 때문에 문화와 깊은 관련을 맺게 됩니다.

　기독교를 믿어 온 서구 사회는 한마디로 기독교 문화를 가지고 있다고 말할 수 있습니다. 기독교 신앙에 바탕을 둔 철학, 문학, 미술을 낳았고 많은 사람들이 기독교적인 윤리관에 맞추어 생활하고 있기 때문입니다.

　그러므로 무속을 토속 종교로 신앙해 온 우리 나라의 문화는 다분히 무속적인 영향을 받아 왔습니다. 설사 무속 종교가 미신적인 요소를 가지고 있다고 하더라도 우리 문화의 한 부분이라고 인정하는 자세가 바람직합니다.

　무속 종교는 무당이라는 사제자(제사를 지내는 사람)가 없으면 존재할 수가 없습니다. 모든 종교가 그러하듯이 무당은 전문적으로 신에게 봉사하고 신과 일반 사람들 사이의 통로가 되어 주는 사제자입니다. 불교에는 승려가 있고 카톨릭에는 신부가 있으며 개신교에는 목사가 있듯이 무속 종교에는 무당이 있어 굿이라는 예배를 주관합니다.

　그런데 무당이 의례를 집행하는 방법은 다른 종교 사제자들과 견주어 좀 특이합니다. 무(巫)라는 한자는 춤추는 사람의 소매 모양을 본떠서 만들었다고 합니다. 곧 무당은 춤과 노래로써 신에게 예배 드리는 사람인 것입니다.

　무속 종교는 기록된 경전이 따로 없습니다. 그렇다고 교리가 없는 것은 아니고 단지 그것을 굿을 할 때 무당의 입에서 나오는 신의 말과 노래로 대신하는 것뿐입니다.

　다음은 무당이 아이를 낳은 어머니의 젖이 잘 나오도록 신에게 빌어 줄 때 불렀던 무가입니다.

　삼신자손 유도식신 동해용왕 새암솟듯
　남해용왕 새암솟듯 북해용왕 새암솟듯
　한가운데 사실용왕 용춤같이 솟아나서
　먹고 남고 짜고 남게 도와줍소사

　이러한 무가(巫歌 무당의 노래)는 입으로 전하여 무당에서 무당으로 내려오고 있습니다. 무가는 지역에 따라 차이가 있지만 그것을 익히는 데는 상당한 노력과 시간이 필요합니다. 오랜 세월을 두고 전승된 무가에는 무속 종교의 우주관, 역사관, 인간관 같은 가치 체계가 춤, 노래, 연극 따위로 녹아져 소박하게 담겨 있습니다. 그것은 천지개벽 이래 주어진 상황 속에서 조상들이 살아온 역사의 반영이며, 어려움을 이겨 온 삶의 방식이기도 하며, 살아갈 방법에 관한 가르침이기도 합니다.

문답법 問答法

〔問 물을 문, 答 대답할 답, 法 방법 법〕
묻고(問) 대답하는(答) 방법(法).

문답(問答)이란 묻고 대답하는 것이지요. 그러니까 문답법(問答法)이란 묻고 대답하는 방법을 문장 안에서 적절히 활용하는 것입니다. 다음 시를 감상해 봅시다.

소나무 아래에서 동자에게 물으니 대답하기를,
"스승님께서는 약을 캐러 가셨습니다.
다만 이 산 속에 계시지만
구름이 깊어 가신 곳을 알지 못하겠습니다."

이 시는 중국 당(唐)나라 때 시인인 가도(賈島)가 산 속에 묻혀 사는 한 친구를 찾아가며 지은 시입니다. 시인이 어린 동자에게 스승의 처소를 묻자(問) 구름이 깊어 계신 곳을 알지 못하겠노라는 동자의 대답(答)에서 시의 신비스러운 분위기를 더 한층 고조시키고 있지요. 문답법이 잘 활용되어 지어진 시의 예라 하겠습니다.

문맥 文脈

〔文 글 문, 脈 흐르는 줄기 맥〕
글의(文) 흐름(脈).

맥(脈)은 본래 피가 흘러 다니는 줄기로서 바로 혈관을 뜻합니다. 심장에서 나온 피를 온몸으로 흘려 보내며 규칙적으로 움직이는 혈관인 동맥(動脈), 몸의 각 부분에서 피를 모아 심장으로 보내며 조용히 숨어 있는 혈관인 정맥(靜脈) 등 맥은 심장에서 우리 몸 구석구석까지 연결되지 않은 곳이 없습니다. 이 흐름에 이상이 생기면 몸이 아프게 됩니다. 한의학에서 진단의 기본이 되는 진맥은 바로 이 맥을 짚어 보아 병을 진단하는 것인데, 동맥이 뛰는 것을 맥박이라고 합니다.

이 맥(脈) 자는 흔히 줄기라는 뜻으로 많이 쓰이는데, 산의 줄기인 산맥(山脈), 땅 속 물의 줄기인 수맥(水脈), 지하 광물의 줄기인 광맥(鑛脈), 돈의 줄기인 금맥(金脈)이 그 예입니다.

문장도 마찬가지여서 흐름과 줄기가 있는데, 이를 문맥(文脈)이라고 합니다. 문맥이 제대로 연결되지 않으면 읽기에 어색한 글이 됩니다..

글을 읽을 때도 또한 내용의 맥을 잘 살피며 읽어야 합니다. "얘들아! 배가 이상해."라는 한 문장만으로는 배가 아픈 건지, 타고 가는 배가 고장이 난 건지, 먹는 배가 상했는지 전혀 알 수 없습니다. 이 때에는 앞뒤의 글(文)의 흐름(脈)으로 파악해야 합니다. 앞 부분에 아이스크림을 많이 먹었다는 내용이 나오면 '배'는 사람의 배라는 것을 이해할 수 있게 됩니다.

다음 보기를 읽으면서 문맥의 흐름으로 보아 어울리지 않는 표현이 있다면 찾아봅시다.

가) 어제 너무 많이 먹어서 배가 살살 고장났다.
나) 배에 물건을 너무 많이 실었더니 배가 달다.

가)의 '고장났다'는 '아프다'로, 나)의 '맛있다'는 '위험하다'로 바꿔야겠죠. 글을 잘 쓰려면 문맥을 잘 연결시킬 줄 알아야 합니다.

문장성분 文章成分

〔文 글 문, 章 글 장, 成 이룰 성, 分 나눌 분〕
문장을(文章) 구성하는(成) 부분(分).

문장성분(文章成分)이란 문장을 구성하고 있는 여러 성분들입니다. 문장성분은 크게 다음과 같이 세 가지로 나눌 수 있습니다.

첫째, 주성분(主成分 – 주된 성분)

둘째, 부속성분(附屬成分 – 꾸며 주는 성분)

셋째, 독립성분(獨立成分 – 독립된 성분)입니다.

먼저 주성분은 꼭 있어야 하는 문장성분으로, 주어, 서술어, 목적어, 보어가 있습니다.

주어(主語) : 주인이 되는 말.

서술어(敍述語) : 주어를 설명하고 풀이하는 말. 술어라고도 함.

목적어(目的語) : 서술어의 목표나 방향.

보어(補語) : 도와서 보충해 주는 말.

부속성분은 꼭 있어야 하는 것은 아니지만 문장의 뜻을 좀더 완벽하게 해주는 문장성분입니다. 부속성분으로는 관형어, 부사어가 있습니다.

관형어(冠形語) : 체언을 꾸며 주는 말.

부사어(副詞語) : 서술어의 의미가 분명하게 드러나도록 꾸며 주는 말.

독립성분은 주된 문장과는 별도로 쓰이는 문장성분으로서 독립어가 있습니다.

독립어(獨立語) : 독립해서 따로 쓰는 말입니다.

각 성분을 좀더 구체적으로 설명하겠습니다.

주어 : '밥을 먹었다'라고만 하면 개가 먹었는지, 돼지가 먹었는지, 사람이 먹었는지 알 수가 없습니다. 행위의 주체가 있어야 하는데, 문장에서 주체가 되는 성분을 주어라고 합니다.

목적어 : '개가 먹었다'라고 하면 무엇을 먹었는지 모르죠. 먹으려는 목적 또는 대상이 밥인지, 오징어인지 알 수 없습니다. 그래서 목적이 되는 성분인 목적어가 필요합니다.

서술어 : '개가 밥'이라고 하면 역시 개가 밥을 어떻게 했는지 모르니까 모자란 글입니다. 밥을 먹었는지, 엎었는지 설명해 주어야 합니다. 주어가 한 행동을 설명해 주는 말을 술어, 또는 서술어라고 합니다.

보어 : '나는 아니다'라고 하면 뭐가 아니라는 말인지 알 수 없습니다. 주어인 '나'를 설명하여 보충해 주는 '학생이'나 '남자가' 같은 보어가 있어야 합니다. 서술어가 '되다' 또는 '아니다'인 경우에는 반드시 이런 보어가 필요합니다.

관형어 : 그러면 '개가 찬 밥을 먹었다'에서 '찬'은 무엇일까요? '밥'이라는 체언을 꾸며서 자세히 해주는 관형어(冠形語)입니다.

부사어 : '개가 밥을 빨리 먹었다'에서 '빨리'는 부사어(副詞語)로 먹는 동작을 분명하게 해줍니다.

독립어 : '아! 슬프다'에서 '아!'는 감탄하는 말인데, 혼자서 독립적으로 쓰이기 때문에 독립어(獨立語)라고 하며 독립성분입니다.

민요 民謠

〔民 백성 민, 謠 노래 요〕
백성들의(民) 노래(謠).

'민요' 하면 가장 먼저 떠오르는 노래가 아마 '아리랑'이나 '강강수월래'일 것입니다.

민요(民謠)란 백성들(民)의 노래(謠)요, 민족의 정서를 가장 많이 담고 있는 노래입니다. 민요(民謠)는 인간이 언어를 구사하면서부터 생겨났을 테니, 아주 오랜 옛날부터 불려졌을 것입니다.

사람들이 사회를 이루어 살기 시작하면서 같이 모여서 일하는

기회가 많아졌고, 공동 작업을 하려면 힘을 모아야 일을 쉽게 할 수 있었습니다. 민요(民謠)는 이런 공동 작업을 하면서 일을 쉽게 하려고 일정한 구호 등을 붙이다가 점차 노랫가락으로 발전하면서 생겨났고, 그 뒤로 사람들의 입을 통해 끊임없이 전해지게 되었습니다. 유명한 몇몇 음악가가 작곡을 하고 가사를 만들어 생겨난 게 아닙니다.

그러나 모든 민요가 다 노동을 할 때 만들어진 것은 아니고, 여럿이 모여 노는 놀이나 제사를 드리기 위해서 만들어지는 경우도 있습니다. 강강수월래의 경우는 달 밝은 밤에 여인네들이 춤을 추며 부른 민요입니다.

민요(民謠)는 흔히 같은 가사가 반복되기도 하는데 노래에 능한 소리꾼이 선창하면, 그 외의 많은 사람들이 쉽게 따라서 합창하는 깃입니다. 다음의 「강강수월래」를 보면 이해가 쉽겠군요.

텃밭팔아 옷사주랴
　　강강수월래
아니아니 그말싫소
　　강강수월래
옷도싫고 신도싫고
　　강강수월래
장지밖에 매여둔소
　　강강수월래
황소팔아 임사주소
　　강강수월래

<「전라도 강강수월래」 중에서>

　민요(民謠)는 백성들이 일상 생활을 하면서 부르는 노래이기 때문에 어렵지 않고 친숙하게 와 닿습니다. 민요를 통해서 자연의 순리에 따르고, 복잡한 구속을 원치 않았던 우리 선조들의 삶을 조금이나마 엿볼 수가 있습니다.

▶ [노동요 勞動謠] 참조

반어문 反語文

〔反 반대 반, 語 말 어, 文 글 문〕
뒤집어서(反) 말함으로써(語) 뜻을 강조하는 글(文).

　　영구가 매점에서 빵을 먹고 있었습니다. 맹구는 그 모습을 보고 자기도 먹고 싶어 나눠 달라고 했습니다. 영구는 조금 떼어 주었습니다. 그 때 맹구가 "애개 요만큼!"이라고 말하는 것과, 이빨을 득득 갈며 "이렇게 많이 줘서 고맙다!"라고 말하는 것 중, 어느 것이 조금 줘서 서운하다는 표현을 강하게 한 것일까요? 당연히 '이렇게 많이 줘서 고맙다'라는 표현이겠죠. 사실을 반대로(反) 말함으로써(語) 의미를 강조하는 반어법의 효과입니다.
　　"그럼! 잘 생겼고 말고.", "그래! 너 잘났어."
　　이런 말들이 바로 반어문의 예입니다.

반의어 反意語

〔反 반대 반, 意 뜻 의, 語 말 어〕
반대의(反) 뜻을(意) 가진 말(語). 반대말.

동의어 同意語

〔同 같을 동, 意 뜻 의, 語 말 어〕
같은(同) 뜻을(意) 가진 말(語).

　　반의어(反意語)란 쉽게 말해서 반대말입니다. 그러면 하나 묻겠습니다. 반의어의 반대말은 무엇일까요? 같은(同) 뜻(意)을 가진 말(語)이니 동의어겠죠. '같은 말', '비슷한 말'이라고 해도 되겠습니다. 그러면 다음 단어들의 반의어를 찾아보세요.

   하늘(天)   사내(男)   크다(大)   강하다(强)

   정답은 땅(地), 계집(女), 작다(小), 약하다(弱) 입니다.

방백 傍白

〔傍 곁 방, 白 말할 백〕
연극에서 주위(傍)에 있는 사람들에게 말하는(白) 것.

희곡의 대사에는 방백(傍白), 독백(獨白), 대화(對話) 이렇게 세 가지 종류가 있는데 이중에서 배우가 관객은 알아듣지만 상대편 배우에게는 들리지 않을 것이라고 미리 약속하는 대사를 방백이라고 합니다. 그러니까 방백이란 상대편 배우에게는 들리지 않는 만큼 주로 상대 배우가 모르는 주인공의 진짜 속마음을 곁에 있는(傍) 관객에게만 말(白)하고자 할 때 쓰이는 방법입니다. 이에 반해 독백은 주인공 배우가 혼자서 하는 말이며, 대화란 무대 위에서 배우들이 서로 주고받는 가장 일상적인 말을 뜻합니다.

순희 : 영희야, 너 요즘 공부 잘되니?

영희 : 물론이지. 그게 내 특기 아니니?

순희 : 그럼 대화가 뭐지?

영희 : 너랑 나랑 방금 주고받은 말.

순희 : 그럼 독백이란?

영희 : "아이, 걱정돼. 난 왜 이렇게 예쁘게 생겼지?"라고 나 혼자 말하는 것.

순희 : 그럼 너 방백이 뭔지 아니?

영희 : 아니. 모르겠는데.

순희 : "여러분, 영희는 대체 왜 이렇게 주제 파악을 못할까
　　　요?"라고 내가 사람들에게 말할 때 네가 모르는 척하는
　　　것.

방언 方言

[方 지방 방, 言 말씀 언]
어떤 지방에서(方) 국한되어 쓰이는 말(言).

　방언(方言)이란 표준말과 달리 어떤 지방이나 계층에 국한되어 쓰여지는 언어 체계를 말하는 것으로 다른 말로 사투리라고도 합니다. 말하자면 표준어를 제외한 비표준어를 의미하는 것이지요. 한 사회 안에서는 구성원 사이의 원활한 의사 소통을 위해 모든 사람이 공통적으로 통하는 언어 체계가 필요한데 말하자면 표준어란 이와 같이 공식적인 언어 생활에서 쓰이는 언어를 뜻하는 것입니다. 흔히 친한 사람들 사이에서 친근함을 표시하는 방법으로 은어나, 속어, 각종 유행어들을 섞어 쓰는 경우가 있지요. 또 입만 열면 버릇처럼 외래어를 남발하는 습관을 가진 이들이 있는데, 바른 언어 습관을 갖도록 노력해야겠습니다. 언어란 곧 우리의 인격을 의미하는 것이니까요. 자, 이제 다음 중에서 표준어와 방언을 각각 가려 봅시다.

　　끄나풀/끄나불　　　　강남콩/강낭콩
　　삭월세/사글세　　　　사둔/사돈
　　호루라기/호루루기　　귀절/구절

어때요, 생각보다 고르기가 쉽지 않지요? 만일 잘 모르는 것이 있다면 이번 기회에 국어 사전을 통해 정확히 알아 두도록 합시다. 이 밖에도 은어(隱語)라는 말이 있는데 이는 특수한 단체나 계층에서만 통용되는 일종의 속어(俗語)를 뜻하는 것입니다.

▶ [비어 卑語] 참조

병렬식 竝列式

〔竝 나란히 설 병, 列 늘어놓을 렬, 式 형식 식〕
문장의 주제를 차례로(竝) 늘어놓는(列) 전개 방식(式).

선생님 : 여러분! 내일부터 여름 방학입니다.
　　　　방학이 되면 주의해야 할 것이 많이 있지요? 수영이
　　　　가 아는 대로 말해 보세요.
수　영 : 예! 여름에 주의해야 할 것은 첫째, 물놀이를 하기 전
　　　　에 준비 운동을 해야 합니다. 안 하고 그냥 물에 들어
　　　　가면 심장마비에 걸릴 위험이 있기 때문입니다. 둘째,
　　　　깨끗이 씻어야 합니다. 그렇지 않으면 습진, 무좀 같은
　　　　피부병에 걸려서 고생합니다. 셋째, 주위 환경을 깨끗
　　　　이 해야 합니다. 왜냐하면 모기한테 물리기도 하고, 파
　　　　리나 쥐가 들끓어 전염병을 옮길 수도 있기 때문입니
　　　　다.

수영이는 '여름 방학에 주의해야 할 것들'이라는 주제로 여러 가지를 차례대로 나란히(竝) 늘어놓는(列) 방식(式)으로 설명했습니다. 이런 방식을 병렬식(竝列式)이라고 합니다.

보통명사 普通名詞

〔普 두루 보, 通 통할 통, 名 이름 명, 詞 말 사〕
사물에 두루(普) 통하여(通) 널리 쓰이는 명사(名詞).

고유명사 固有名詞

〔固 본디 고, 有 있을 유, 名 이름 명, 詞 말 사〕
고유한(固有) 사람이나 사물을 가리키는 명사(名詞).

명사(名詞)란 이름(名)을 나타내는 단어(詞)입니다.

사물이 있으면 반드시 그 이름이 있지요. 푸르고 딱딱하고 긴 저것을 '나무'라 하고, 영어로는 tree, 한자로는 목(木)이라 하지요. 멍멍 짖고 빨리 뛰는 저것을 '개'라 하고, 영어로는 dog, 한자로는 견(犬)이라고 합니다. 이런 것이 바로 명사입니다.

그런데 명사에는 보통명사(普通名詞)와 고유명사(一般名詞)가 있습니다.

보통명사는 두루(普) 통하여(通) 쓰이는 이름이지요. 나무, 개, 사람, 차 등과 같은 이름을 모두 보통명사라고 합니다. 또 일반명사(一般名詞)라고도 합니다.

고유명사(固有名詞)란 사람이나 사물이 각각 갖는 고유한(固有) 이름이지요. 일반명사가 사물의 일반적인 이름을 나타내는 명사라면, 고유명사는 사물 개개의 고유한 이름을 나타내는 명사입니다. '철수', 철수가 다니는 학교인 '문화 중학교' 등이 바로 고유명사입니다.

그러면 다음 중 고유명사가 아닌 것을 찾아보세요.

①차인표 ②문화방송 ③컴퓨터 ④강영미 ⑤자동차

고유명사가 아닌 보통명사는 컴퓨터와 자동차입니다.

복선 伏線

〔伏 숨겨질 복, 線 줄 선〕
숨겨져(伏) 깔린 선(線).

복선(伏線)이란 어떤 일이 일어나기 전에 미리 깔려 있는 일의 암시, 징조, 예감 따위를 말합니다. 특히 소설에서의 중요한 기법으로서 소설의 깊은 맛을 내는 데에 널리 쓰이는 방법의 하나이지요. 다음 작품을 감상해 봅시다.

수숫단 속은 비는 안 새었다. 그저 어둡고 좁은 게 안됐다. 앞에 나 앉은 소년은 그냥 비를 맞아야 했다. 그런 소년의 어깨 위에서 김이 올랐다. 소녀가 속삭이듯이, 이리 들어와 앉으라고 했다. 괜찮다고 했다. 소녀가 다시, 들어와 앉으라고 했다. 할 수 없이 뒷걸음질을 쳤다. 그 바람에, 소녀가 안고 있는 꽃묶음이 망그러졌다.

<황순원의 『소나기』 중에서>

위 소설은 소년과 소녀의 수채화와 같이 맑고 아름다운 이야기를 그린 『소나기』의 일부입니다. 소년이 소녀를 위하여 만들어 준 꽃다발을 소녀가 정성스럽게 간직하는데 소나기를 만나 수숫단 속으로 비를 피하는 장면이지요. 여기서 소년이 뒷걸음을 치는 바람에 소녀의 꽃 묶음이 망그러지고 마는데 이것이 앞으로 닥쳐올 소녀의 불행을 암시하는 복선으로 작용하는 것입니다. 먹장구름, 보랏빛, 핏방울 등 이 작품에는 이 밖에도 이야기의 비극적 결말을 예고하는 여러 가지 어휘들이 눈에 띕니다.
복선의 묘미는 이와 같이 드러나지 않은 은근함에서 더욱 깊은

맛을 내는 데 있습니다. 소설을 제대로 이해하기 위해서는 이렇듯 복선이라는 소설적 장치를 눈여겨볼 줄 알아야겠지요.

부수 部首

〔部 무리 부, 首 머리 수〕
어떤 집단의(部) 머리(首)가 되는 글자.

부수(部首)란 한자를 짜임새에 따라 나누었을 때의 '공통 부분'을 말합니다. 예를 들어 물 수(水) 자가 들어간 한자들을 쭉 모아 보면 江, 洋, 海, 淸, 流 등이 있는데 여기에서 물 수(水) 자는 곧 이 한자 무리(部)들의 첫머리(首)가 되는 부수 글자이지요.

한자의 부수를 알면 편리한 점이 있는데, 첫째는 한자의 뜻을 짐작할 수 있다는 점이고, 둘째는 자전에서 한자를 편리하게 찾을 수 있다는 점이지요. 예를 들어 자전에서 양(洋) 자를 찾을 때에는 수(水) 자를 이용해서 찾으면 편리합니다.

한자는 워낙 그 종류가 많고 다양하여 모조리 암기하기는 어려운데, 그럴 때에 처음 보는 한자라도 부수를 알면 한자의 뜻을 파악하는 데 중요한 단서가 된답니다. 예를 들어 한자에 사람 인(人) 자가 들어가면 사람과, 불 화(火) 자가 들어가면 불과 관련이 있다는 말이지요.

다음 한자가 어떤 뜻과 관련이 있는지 짐작해 봅시다.

* 霜　雲　露　電
* 草　花　英　藥
* 打　授　探　抱.

　첫 줄의 한자들은 비(雨), 둘째 줄은 풀(艸), 셋째 줄은 손(手)의 동작과 관련이 있는 한자들입니다. 모두 뜻을 짐작해 볼 수 있겠지요? 부수란 이와 같이 한자의 기초가 되는 최소의 글자를 의미합니다.

비어 卑語

〔卑 낮을 비, 語 말 어〕
낮은, 천한(卑) 말(語).

속어 俗語

〔俗 속될 속, 語 말 어〕
속된(俗) 말(語).

은어 隱語

〔隱 은밀할 은, 語 말 어〕
은밀한(隱) 말(語).

　비어(卑語)는 주로 교육을 받지 못한 계층에서 쓰는 점잖지 못한 말이나, 사물을 낮추어 부르는 말로 상말이라고도 합니다.
　(예) 아가리, 주둥이 → 입　　오라질 → 못된
　속어(俗語)는 일반 대중에게 널리 통용되고 있지만 정통 어법에서 벗어났다고 생각되는 속된 말을 뜻합니다. 이는 교육을 받은 계층에서도 흔히 쓰인다는 점에서 비어와 구분되고, 사용 범위가 넓다는 점에서는 은어와도 다릅니다.
　(예) 공갈 → 거짓말　　노가리 까다 → 거짓말하다, 말이 많다
　은어(隱語)는 주로 잘 아는 사이의 친밀한 사람들끼리 비밀 유

지나 소속감 등을 느끼기 위해 쓰는 은밀한 말을 가리킵니다. 비어와 속어가 다수의 사람들이 그 뜻을 알고 있는 경우가 많은데 비해 은어는 일반인들이 쉽게 알기 어려운 특징이 있습니다.

　(예) 경찰 무전 용어 : 오륙 → 알겠나?　　　깔 → 애인
　　　　　　　　　　　칠팔 → 알겠다

비유법　比喩法

〔比 비교할 비, 喩 깨우칠 유, 法 법 법〕
어떤 일을 사물에 비교하여(比) 설명하는(喩) 방법(法).

직유법　直喩法

〔直 바로 직, 喩 깨우칠 유, 法 법 법〕
직접(直) 비유하는(喩) 방법(法).

은유법　隱喩法

〔隱 감출 은, 喩 깨우칠 유, 法 법 법〕
감추어(隱) 비유하는(喩) 방법(法).

　비유법이란 어떠한 개념을 알기 쉽게 눈으로 보이는 사물로 견주어서 설명하는 방법입니다. 그중에서도 가장 많이 쓰이는 것 중의 하나가 직유법과 은유법이지요. 다음 예문을 읽고 직유법과 은유법이 쓰인 곳을 찾아봅시다.

　그런데 아름다움은 누구에게 보이기 이전에 스스로 나타나는 법이거든. 꽃에서 향기가 저절로 번져 나오듯……. 그러니까 아름다움은 안에서 번져 나오는 거다. 너의 하루하루가 너

를 형성한다. 그리고 머지않아 한 가정을, 지붕 밑의 온도를 형성할 것이다. 또 그 온도는 이웃으로 번져 한 사회를 이루게 될 것이다.

<법정의 「아름다움에 대하여」 중에서>

직유란 '~하듯, ~같이, ~처럼' 등의 조사를 써서 겉으로 드러나게 직접 비유하는 것입니다. 그러니까 위 예문에서 '꽃에서 향기가 저절로 번져 나오듯'이 직유에 해당하지요. 은유는 직유와 달리 '갑은 을이다'라는 식으로 조사 없이 곧장 사물에 비유하는 방식입니다. 위에서 '지붕 밑의 온도'는 곧 가정의 분위기를 뜻하는 은유의 수법으로 쓰였습니다. 그러니까 직유는 직접(直) 비유(喻)하는 것이고 은유는 얼른 드러나지 않게 감추어(隱) 비유(喻)하는 것입니다.

비평 批評

〔批 비평할 비, 評 평할 평〕
착하고 악하고, 옳고 그르고, 못하고 잘하고를 따져서(批) 평함(評).

비(批)는 본래 신하가 올린 글에 대해 임금이 옳고 그르고를 따지는 것이니, 따져 본 후에 내려 주는 답을 비답(批答)이라 합니다. 또 시나 문장의 잘되고 잘못된 점을 살피고 따지는 것도 비(批)라고 하는데, 잘된 곳에 붉은 먹으로 점을 찍는 것을 비점(批點)이라고 합니다. 평(評)이라는 것도 잘잘못을 살펴 정하는 것입니다. 비(批)와 평(評)을 합친 비평(批評)은 잘하고 못하고, 옳고 그르고를 따지고 실피는 것입니다.

비평은 여러 방면으로 행해지는데 가령 문학 작품을 비평하는 문학 비평, 대중 가요를 비평하는 가요 비평, 예술을 비평하는 예술 비평, 문화를 비평하는 문화 비평 등 그야말로 많습니다. 비평의 목적은 잘못만을 비난하고 욕하는 것이 아닙니다. 잘못을 지적하고 잘한 것을 더 잘하도록 유도하며, 문화와 예술이 보다 바람직한 방향으로 발전해 나가도록 방향 제시를 하는 데 그 목적이 있습니다. 예술가는 훌륭한 비평가를 만나야만 진정한 자기 발전이 있게 됩니다. 좋은 비평을 통해 자기 작품의 잘잘못을 알게 되어 더욱더 좋은 작품을 창작하게 되는 것이죠. 그러니까 예술가와 비평가는 서로 중요한 동반자 관계라고 하겠습니다. 이처럼 문화와 예술의 발전을 위해 비평의 역할은 언제나 중요한 것이랍니다.

사설 社說

〔社 회사 사, 說 말씀 설〕
신문사에서 회사의(社) 주장을 실어 펼치는 글(說).

사설(社說)의 사(社)는 신문사(新聞社)의 사(社)를 가리키는 것이고, 설(說)은 어떤 일에 대한 생각이나 주장을 펴는 글입니다. 사설은 쓰는 사람 개인의 생각을 쓰는 것이 아니라, 사람들의 공동 관심사가 될 만한 주제를 잡아 신문사의 입장에서 쓰는 글입니다. 100년의 역사를 지닌 우리 나라 신문도 사회의 변화에 따라 사설의 주제와 내용, 어조가 달랐습니다. 1905년 을사보호조약이 체결되자 「황성신문」의 주필이었던 장지연 선생은 이 조약의 잘못을 폭로하고 일본의 흉계를 공격하는 사설을 썼습니다. 그 제목이 바로 「시일야방성대곡」이니, '오늘에 이르러 목놓아 통곡하노라'라는 뜻입니다. 그 일부분을 소개합니다.

천만 뜻밖에도 다섯 개의 조약이 체결되었다. 이 조약은 우리 나라뿐만 아니라, 동양 삼국인 한국·중국·일본의 분열을 조장하는 것이다. 이등박문의 본뜻은 어디에 있는 것인가? <중간 생략> 저 개·돼지만도 못한 우리 정부의 대신이란 자들은 각자의 이익만을 생각하고, 위협에 벌벌 떨면서 나라를 팔아먹는 도적이 되어, 4000년 역사의 강토를 일본에게 갖다 바치고, 우리 동포 2000만을 타인의 노예가 되게 했으니……

이 사설로 인해 「황성신문」은 3개월간 정지를 당했으며, 장지연 선생은 90여 일간 투옥되었다가 풀려 났습니다. 하지만 당시 사람들의 애국심을 크게 고무시켰고, 일본인들을 놀라게 했습니다. 신문의 사설은 이처럼 나라의 어려운 시절에 국민을 계몽하고 독립 의식을 고취시켰습니다. 그후 사설은 독재 정권 시절에도 독재를 비난하고 공격하여 민주화를 앞당겨 놓았습니다.

 그러나 신문의 사설이 우리 근현대사에서 긍정적인 역할만을 한 것은 아닙니다. 일제의 강압이나 꾀임에 동조하여 식민지 정책을 찬양하는 내용의 사설을 썼는가 하면, 독재 정권에 아부하는 내용의 사설을 써서, 뜻 있는 분들의 분노를 자아내게 한 경우도 있습니다. 이런 경우의 신문 사설은 역사의 발전에 역행한 것입니다. 역사의 발전에서 사설의 역할은 매우 중요하며, 사설을 쓰는 사람의 올바른 정신과 굳센 의지는 좋은 사설이 탄생하는 바탕이 됩니다.

사실주의 寫實主義

〔寫 그려 낼 사, 實 사실 실, 主 주인 주, 義 뜻 의〕
아름답게 꾸미기보다는 사실(實) 그대로 그려 내려는(寫) 주의(主義).

 여러분은 먼저 사실(事實)과 사실(寫實)을 구분해야 합니다. 사실(事實)은 실재한 일이고, 사실(寫實)은 사실(實)을 있는 그대로 그려 내는(寫) 것입니다. 사(寫) 자는 대개 '베끼다', '본뜨다', '그리다'의 뜻으로 쓰이는데, 사건이나 사물을 있는 그대로 베끼거나, 본뜨거나, 그릴 때 사용하는 글자입니다. 복사(複寫) · 사진(寫眞) · 사본(寫本)에서의 사(寫) 자가 그 예이지요.

 사실주의(寫實主義)란 사실이나 사물을 아름답게 꾸미거나 이상화하지 않고 있는 그대로 그려 내려는 주의(主義)를 말합니다. 여러분은 조선 영조 때의 유명한 화가였던 김홍도를 아시죠. 그의 풍속화는 아주 사실적(寫實的)인 그림으로 평가되는데, 사람이나 짐승들의 순간적인 표정이나 동작을 잘 관찰하여 있는 그대로 그리는 데 뛰어났습니다. 씨름하는 사람들의 건강한 모습과 이를 신나게 구경하는 사람들의 모습, 대장간에서 웃통을 벗고 땀을 흘리며 풀무질하는 근육질의 대장장이들의 모습, 서당에서 훈장님께 종아리를 맞으며 우는 아이의 모습 등은 김홍도 이전의 그림에서는 볼 수 없는 새로운 풍의 사실적 그림입니다.

또한 조선 후기의 시나 소설에서도 현실을 아름답게만 꾸미지 않고 사실을 있는 그대로 묘사한 사실적 작품들이 많이 출현하였습니다. 굶어 죽는 백성의 고통스런 모습, 땀 흘리는 농부의 모습 등을 실감나게 사실적으로 그려 내어 사회의 잘못을 고발하고 있습니다. 다음 시는 다산 정약용 선생의 「애절양」의 일부입니다.

젊은 여인 울음도 서러워라
관가를 향해 울부짖다가 하늘 보고 호소하네
군인간 남편 돌아오지 않음은 있을 법도 하지만
성기를 자른 일은 들어 보지 못했다네
시아버지 이미 돌아가셨고
갓난아이 배냇물도 안 말랐는데
모두 군적에 실렸으니
달려가서 억울함을 호소하여도
범 같은 문지기 버티어 섰고
이장이 호통하여 소만 끌려갔네
남편 문득 칼을 갈아 방 안으로 뛰어들자
붉은 피 방 안에 가득하구나
스스로 한탄하네 "자식 낳은 죄로구나"

‘애절양(哀絕陽)’이란 글자 그대로 ‘성기(陽) 자른(絕) 일을 슬퍼하며(哀)’입니다.

다산이 유배 생활을 했던 전라도 강진에서 한 사내가 군정(軍政)의 문란으로 부당하게 세금을 착취당하자 “자식 낳은 것이 죄”라고 탄식하면서 자신의 성기를 잘랐던 비참한 현실을 솔직하게 그려 낸 시입니다.

이처럼 문학, 미술 등의 문화 예술에서 현실 또는 사실을 있는 그대로 그려 내려는 주의를 사실주의(寫實主義)라고 합니다. 영어로는 리얼리즘(Realism)입니다.

사전 辭典

〔辭 말 사, 典 책 전〕
국어나 영어 사전처럼 말의(辭) 뜻 풀이를 간단하게 한 책(典).

사전 事典(詞典)

〔事 일 사, 典 책 전〕
백과 사전처럼 단어에 관련된 일을(事) 자세하게 종합 정리한 책(典).

우리는 국어 사전과 백과 사전을 똑같은 사전으로만 알고 있습니다. 그런데 자세히 보면 국어 사전의 사전(辭典)과 백과 사전의 사전(事典)이 그 한자 표기가 다른 것을 발견하게 됩니다. 물론 잘 모르는 단어를 찾아 의미를 정확하게 해준다는 사전의 기능면에서 보면 커다란 차이는 없습니다.

먼저 사전(辭典)의 특징을 보면 단어를 가나다 또는 알파벳 순서에 따라 배열하고, 의미·표기법·발음·품사·용법·용례·

어원 등을 간략하게 설명하고 있습니다. 그러므로 사전(辭典)의 주된 기능은 단어의 의미를 분석하고 명확하게 하는 것이라고 할 수 있습니다.

사전(事典)은 단어를 가나다, 알파벳 순서로 배열한다는 면에서는 사전(辭典)과 같습니다. 그러나 내용 면에서 문학, 역사, 철학, 정치, 경제 등의 항목별로 배열하거나, 불교 대사전, 유교 대사전 등과 같이 특정 분야에 한정된 자료를 주로 소개하기도 합니다.

때문에 이러한 사전(事典)의 특징은 다방면에 걸친 지식을 분야별로 구분하고 종합하여 상세하게 소개하고 있다는 것입니다.

특히 한자를 다루는 사전은 자전(字典) 또는 옥편(玉篇)이라 부르는데 원래 약간의 차이가 있습니다.

자전은 글자의 음과 뜻, 관련된 단어 설명과 출전 등을 자세하게 소개하고 있습니다.

이에 비해 옥편은 한자의 음과 뜻만을 간략하게 밝히고 있습니다. 그런데 요즈음에는 자전과 옥편을 굳이 구분하지 않고 있으며, 한자 사전이라고도 합니다.

우리가 잘 모르는 것을 찾아본다는 사전의 기능 면에서는 사전(辭典)이나 사전(事典)이 별다른 차이가 없습니다.

예로부터 문화가 발달한 나라들은 한결같이 사전을 소중하게 생각하여 오랜 시간 공들여 만들었으며, 사전을 통하여 정확한 개념과 지식을 습득해 왔습니다.

학교에서 선생님들이 사전을 꼭 찾아보라고 강조하는 것은 다른 이유가 아닙니다. 바로 사전을 통한 정확한 개념의 습득이 보다 풍부하고 올바른 지식과 교양을 쌓을 수 있는 토대를 만들어 주기 때문입니다.

산문 散文

〔散 흩어질 산, 文 글 문〕
운율이 없는(散) 문장(文).

운문 韻文

〔韻 울림 운, 文 글 문〕
운율이 있어서 리듬감이 있는(韻) 문장(文).

다음 보기의 글을 큰 소리로 읽어 봅시다.

<보기 1>
청산리 벽계수야 수이 감을 자랑 마라
일도창해 하면 돌아오기 어려우니
명월이 만공산 하니 쉬어 간들 어떠리

<보기 2>
벌써 며칠째, 소녀는 학교에서 돌아오는 길에 물장난이었다. 그
런데, 어제까지는 개울 기슭에서 하더니, 오늘은 징검다리 한가
운데 앉아서 하고 있다. 소년은 개울둑에 앉아 버렸다. 소녀가
비키기를 기다리자는 것이다. 요행 지나가는 사람이 있어, 소녀
가 길을 비켜 주었다.

위 보기 1과 2를 읽었을 때 무엇이 다르게 느껴지는지 알아봅
시다.

보기 1은 시조이기 때문에 운율, 즉 리듬감이 느껴집니다. 그래
서 계속 반복해서 읽다가 보면 자신도 모르게 저절로 흥이 나서
입은 흥얼흥얼거리고 어깨는 들썩들썩하며 박자를 맞추게 됩니

다. 글 속(文)에 운율(韻)이 있기 때문입니다. 운율이(韻) 있는 문장(文)을 운문(韻文)이라고 합니다.

하지만 보기 2는 여러분이 아무리 운율을 느끼면서 읽으려고 해도 잘되지 않습니다. 바로 산문(散文)이기 때문입니다. 산문은 글자의 수나 운율에 관계없이(散) 자유롭게 쓴 글(文)이기 때문에 운문처럼 리듬감을 느끼며 읽을 수 없는 것입니다.

그럼 다음 문제를 풀어 봅시다.

1. 글자의 수나 운율 같은 것에 상관없이 내용만을 자유롭게 쓴 소설이나, 희곡, 수필과 같은 글의 종류는 운문일까요, 산문일까요?
2. 노랫가사와 같이 일정한 음절 수의 반복이나 같은 음의 반복, ㄹ, ㅁ, ㅇ 등의 받침을 많이 사용하여 음악적인 리듬감이 느껴지는 시나 시조, 가사와 같은 글은 운문일까요, 산문일까요?

상징 象徵

〔象 모양 상, 徵 나타낼 징〕
생각이나 관념을 구체적인 모양으로(象) 나타냄(徵).

여러분은 "무궁 무궁 무궁화, 무궁화는 우리 꽃, 피고 지고 또 피어 무궁화라네."로 시작하는 노래 「무궁화」를 알 것입니다. 이 때 무궁화는 우리 나라를 상징(象徵)합니다. 좀더 구체적으로 말하면 우리 나라 사람의 은근과 끈기를 상징한다고 할 수 있지요. 십자가는 기독교를, 비둘기는 평화를 상징합니다.

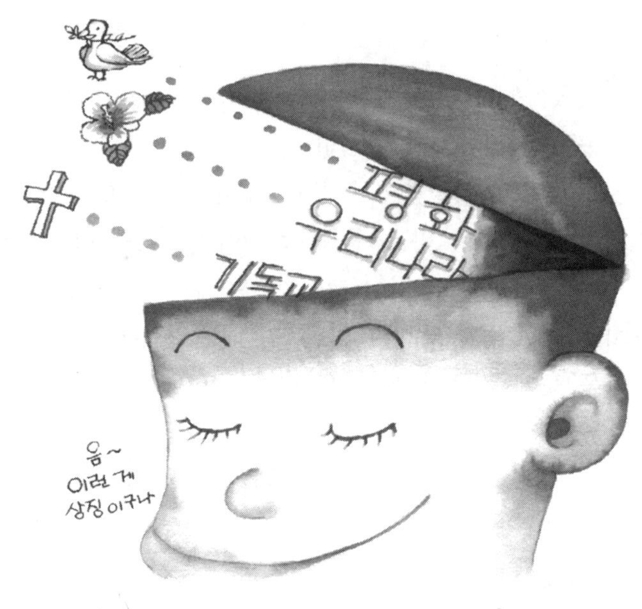

　1941년에 발표된 신석정 님의 「소년을 위한 목가」를 같이 읽어
봅시다.

　소년아,
　너는 백마를 타고
　너는 구름같이 흰 양떼를 더불고
　이 언덕길에 서서 웃으며 이야기하며 이야기하며 웃으며,
　황막한 그 우리 목장을 찾아 다시 오는 봄을 기다리자.

　시인은 일제 말기의 암울한 현실 속에서도 광복에 대한 염원을
시로 읊었습니다. 이 시에서 '흰 양떼'는 우리 민족을 상징하고,
'봄'은 광복을 상징합니다. 상징은 이처럼 생각이나 관념을 구체
적인 모양(象)을 통해 나타내는(徵) 것입니다.

서간문 書簡文

〔書 편지 서, 簡 편지 간, 文 글 문〕
편지 글.

우리는 흔히 부모님께 편지를 쓸 때, '부모님 전상서(前上書)'로 시작하는 것을 많이 봅니다. 전상서(前上書)란 '~의 앞(前)에 올리는(上) 글(書)'이란 뜻입니다.

서(書) 자는 글을 말하는데, 흔히 편지를 의미하기도 합니다. 밀서(密書 몰래 보내는 편지), 연서(戀書 연애 편지), 엽서(葉書), 서신(書信) 등의 서(書) 자는 모두 편지라는 뜻입니다.

간(簡) 자는 본래 책이란 의미인데, 머리에 죽(竹) 자를 얹힌 것을 보면 대나무로 만든 책임을 알 수 있습니다. 옛날 종이가 발명되기 이전에 대나무를 쪼개고 다듬어 그 겉면에 글씨를 쓰고, 가죽끈으로 엮어 책으로 만들었던 것입니다. 이 간(簡) 자도 역시 편지라는 의미로 쓰입니다.

따라서 서(書) 자와 간(簡) 자를 합친 서간(書簡) 또는 서간문(書簡文)은 편지라는 의미를 갖습니다.

서경시 敍景詩

〔敍 펼칠 서, 景 경치 경, 詩 시 시〕
아름다운 자연의 풍경을(景) 그려 내듯이 읊은(敍) 시(詩).

먼저 아름다운 서경시(敍景詩) 한 수를 감상하겠습니다. 조선조의 성리학자 송시열 선생이 금강산에 올라 지은 시 「금강산」입니다.

산과 구름이 온통 희니
구름과 산의 모습을 구별 못하겠네.
구름이 걷히자 산만 우뚝 서 있는데
와, 금강산 일만 이천 봉이구나.

구름 속에 싸인 신비로운 금강산의 풍경을 읊은 시입니다. 금
강산이 구름 속에 덮여 있을 때에는 어느 것이 산이고, 어느 것이
구름인지 분간할 수 없었는데, 구름이 걷히자 일만 이천 개나 되
는 봉우리가 그 웅장하고 아름다운 자태를 한꺼번에 드러나 보이
는 정경이 생생하게 그려진 시입니다. 서경시(敍景詩)란 이렇게
아름다운 자연의 풍경(景)을 마치 한 폭의 그림을 그리듯이 읊은
(敍) 시(詩)입니다.

서사시 敍事詩

〔敍 서술할 서, 事 일 사, 詩 시 시〕
사건을(事) 이야기하듯이 서술한(敍) 시(詩).

시는 형식에 따라 크게 서정시·서경시·서사시로 나눌 수 있
습니다. 이 중에 서사시(敍事詩)는 역사적으로 유명한 사건이나,
또는 시인이 보고 들은 사건(事)을 마치 이야기하듯이 서술한(敍)
시입니다. 시 속에 사람이 등장하고 사건이 진행되는 과정을 생
생하게 그려 내었는데, 마치 이야기를 하는 듯합니다.
기원전 800년경 그리스에는 위대한 시인 호메로스가 살고 있었
습니다. 그는 당시 그리스 국민의 큰 기쁨이자 자랑거리였던 트
로이 전쟁의 승리를 주제로 두 편의 서사시를 썼는데, 바로 『일

리아드』와 『오디세이』입니다. 이 시가 세상에 발표되자 사람들은 서로 베껴 가며 외웠고, 곧 온 나라 안에 널리 퍼지게 되었습니다. 그후 유럽에서는 이 시를 본뜬 많은 서사시들이 지어졌으니, 현대에 이르기까지 유럽 문학에 지대한 영향을 주었습니다.

우리 나라의 서사시로는 고려 시대의 시인 이규보가 지은 「동명왕편」이 제일 유명합니다. 동명왕이란 고구려의 시조 주몽인데, 주몽이 중심 인물이 되는 고구려의 건국 신화는 고구려 이후 많은 사람들에 의해 이야기되어 왔습니다. 그 중심 내용은 하늘과 바다를 다스리는 신들의 자손인 주몽이 온갖 시련을 물리치고 드디어 고구려를 세웠다는 자랑스런 내용입니다. 이규보는 젊은 시절에 많은 사람들의 입으로 전해지던 이 건국 신화에 특별한 관심을 갖고, 자료를 수집·정리해서 민족의 서사시 「동명왕편」을 지어 낸 것입니다. 서사시는 이처럼 역사적으로 유명한 주목할 만한 사건(事)을 마치 이야기하듯이 서술한(敍) 시(詩)입니다.

서정시 抒情詩

〔抒 펼 서, 情 감정 정, 詩 시 시〕
감정을(情) 펼쳐 내어(抒) 표현한 시(詩).

옛날 우리의 조상들은 시를 아주 즐겼습니다. 다정한 친구들을 사랑방에 불러, 맛있는 음식과 좋은 술로 대접하는 것을 큰 즐거움으로 여겼습니다. 정답게 이야기를 나누며 회포를 풀고, 흥이 나면 시를 지어 주고받았습니다. 정해진 시간 안에 시를 짓지 못하면 벌주를 석 잔씩 마셨으니, 연거푸 벌주를 마시다가 벌겋게 취해서 집에 가야 했습니다. 아주 창피한 일로 여겼지요.

시를 잘 짓는 사람은 이름을 날리고 존경을 받고 어디를 가나 대접을 잘 받았습니다. 시인 아무개가 왔다 하는 소문이 나면, 고을 사람들이 모여 시 짓는 모습을 구경하고, 그의 시를 얻으려고 아우성이었습니다. 이토록 시를 즐기고 시인을 존중했던 풍습은 세계 어디에서도 좀처럼 보기 힘든 귀한 전통입니다.

옛 분들은 시를 어떻게 생각했을까요? 사람이 사물이나 사건을 보고 들으면 가슴에 어떤 감정이 생긴다고 했지요. 더욱이 인상적이거나, 아름답거나, 충격적인 사물이나 일을 대하면 그만큼 더 크고 격한 감정이 가슴에 가득해진다고 했습니다. 그래서 끝내는 주체할 수 없는 지경에 이르는데, 주체 못할 감정을(情) 펼쳐 내는 것이(抒) 바로 서정(抒情)이요, 이 감정을(情) 펼쳐(抒) 아름다운 가락에 담으면 노래가 되고, 시(詩)로 표현하면 서정시(抒情詩)가 되는 것입니다. 조선 시대의 시인 백호 임제가 지은 애틋한 서정시 하나를 소개할 테니 잘 감상해 보세요.

열 다섯의 수줍은 아가씨
부끄러워 '안녕'이란 말도 못하고
돌아와 문을 잠그고
배꽃 사이로 보이는 달을 향해 눈물 흘리네.

선어말어미 先語末語尾

〔先 먼저 선, 語 말씀 어, 末 끝 말, 尾 꼬리 미〕
어말(語末) 앞에(先) 오는 어미(語尾).

단어는 크게 어간과 어미로 나뉘어집니다.

　'웃다'라는 단어를 활용해 보면 웃고, 웃으니, 웃어서, 웃자, 웃게 등에서 '웃'처럼 변하는 부분과 '고', '으니', '어서', '자'처럼 변하지 않는 부분이 있습니다. 이 때 변하지 않는 부분을 어간(語幹)이라고 하고, 변하는 부분, 즉 말(語)의 꼬리(尾)에 붙은 부분을 어미(語尾)라고 합니다. 어미(語尾)의 역할은 말을 완성시키는 것입니다. 선어말어미란 어말(語末)의 앞(先)에 붙어서 뜻을 첨가시켜 주는 어미(語尾)입니다. 용언(동사, 형용사)의 어간과 어말어미의 사이에 오는 것이지요. 순서는 '용언의 어간 + 선어말어미 + 어말어미'입니다.

　다음 예를 살펴봅시다.

영희가 학교에 간다. (가 – ㄴ – 다)
내년에는 영희가 학교에 가겠다. (가 – 겠 – 다)
작년에는 영희가 학교에 갔다. (가 – ㅆ – 다)
선생님께서 학교에 가신다. (가 – 시 – ㄴ – 다)
임금님께서 하시었사옵니다. (하 – 시 – 었 – 사옵 – 니다)

　'가다'라는 동사가 여러 형태로 변한 경우를 예로 들었습니다. '간다'의 'ㄴ'은 현재라는 시간을 나타내 주는 선어말어미이고, '가겠다'의 '겠'은 미래를 나타내 주는 선어말어미이고, '갔다'의 'ㅆ'은 과거를 나타내 주는 선어말어미입니다. '가신다'의 '시'는 존칭을 나타내는 선어말어미이고, 'ㄴ'은 현재를 나타내는 뜻의 선어말어미입니다. '하시었사옵니다'의 '시'는 존칭을, '었'은 과거를, '사옵'은 상대를 높이는 뜻의 선어말어미들입니다.

　이렇게 선어말어미(先語末語尾)란 용언의 본뜻에 시제 또는 높임의 뜻을 첨가하는 기능을 하는 어미를 말합니다.

설의법 設疑法

〔設 베풀 설, 疑 의문문 의, 法 방법 법〕
의문문을(疑) 설정하여(設) 자연스럽게 결론을 유도하는 방법(法).

설의법(設疑法)이란 뻔히 다 알 수 있는 결론을 의문형(疑)으로 만들어(設) 독자가 스스로 결론을 내리게 하는 방법(法)을 말합니다.

『논어』를 펼치면 맨 처음에 이런 구절이 나옵니다.

배우고 때때로 익히면 또한 기쁘지 아니한가?
남들이 알아주지 않아도 성내지 않으면 또한 군자가 아니겠는가?
벗이 먼 곳으로부터 찾아온다면 또한 즐겁지 아니한가?

배우고 때때로 익히면 당연히 기쁘지만 '또한 기쁘지 아니한가?'라고 의문문을 만들어 줌으로써 독자로 하여금 자연스럽게 결론을 내리게 합니다. '또한 군자가 아니겠는가?', '또한 즐겁지 아니한가?'도 마찬가지입니다. 의문형으로 만들어 독자로 하여금 자연스럽게 결론을 내리게 하면서 그 의미는 좀더 강조되는 효과를 얻는 것이지요.

이렇게 설의법이란 쉽게 알 수 있는 결론을 의문형으로 만들어 독자가 스스로 결론을 내리게 하는 방법입니다.

설의문과 반어문(反語文)을 혼동할 것 같아서 부연 설명합니다. 반어문은 말 그대로 말을(語) 반대로(反) 하는 문장(文)입니다.

예를 들어 예쁜 아이를 두고 칭찬할 때 "참 얄밉기도 하지." 한

다거나, 상대방을 비꼴 때 "그래, 잘났다 잘났어."라고 하는 말들
이 바로 반어문입니다. 그러니까 설의문과 반어문은 전혀 다릅니
다.

　그런데 주의할 것은 한문에서는 이런 설의문을 반어문이라고
합니다. 위에서 설의문의 예로 인용한 '배우고 때때로 익히면 또
한 기쁘지 아니한가?'를 한문에서는 반어문이라고 합니다. 이런
혼란을 피하기 위해서 요즈음 한문에서는 이런 것을 반어문이라
고 하지 않고 반어의문문이라고 부르기도 합니다.
▶ [반어문 反語文] 참조

설화 說話

〔說 말씀 설, 話 이야기 화〕
말로 전해지는 옛날 이야기(說話). 신화·전설·민담을 다 포함함.

신화 神話

〔神 귀신 신, 話 이야기 화〕
신기한, 또는 신들의(神) 이야기(話).

전설 傳說

〔傳 전할 전, 說 말 설〕
옛날부터 전해 오는(傳) 이야기(說).

민담 民譚

〔民 백성 민, 談 이야기 담〕
민간인 사이에(民) 전해지는 이야기(談).

　설화(說話)란 말로 이루어진 '이야기(說.話)'인데 그 보다는 '옛

날 이야기'라는 표현이 더 알맞을 것 같군요. '옛날 이야기', 즉 설화는 대부분 있었던 사실 그대로의 것이 아니라 사람들의 입을 거쳐 구연(口演 입으로 이야기함)되면서 끊임없이 변화되고 살이 보태어지면서 꾸며진 이야기입니다.

즉 구연하는 사람의 성격과 개성에 따라 이야기가 다양하게 전개되죠. 그러나 옛날 이야기에서 무엇보다도 중요한 것은 듣는 사람이 흥미를 느낄 수 있어야 한다는 것입니다. 그러려면 짜임새가 있어야 하고 이야기에 끊임없는 변화와 절정이 있어야 합니다.

그렇다면 우리가 알고 있는 소설과는 어떻게 다를까요? 소설은 발단·전개·위기·결말 등의 구조가 있고 또 작가에 의해 복잡하게 꾸며진 이야기인데, 글로 쓰여지기 때문에 그 구조가 훨씬 복잡하게 변할 수 있으며 더 높은 예술성을 추구한다고 할 수 있습니다.

그러나 설화는 말로 하는 이야기이기 때문에 구조가 복잡하지 않고 말하기 편리하도록 짜여져 있습니다. 물론 글로 전해지는 문헌설화라는 것이 있기는 하지만 문헌설화 조차도 원래는 말로 전해지던 것들을 글로 옮겨 놓은 것이기 때문에 구연되던 성격이 많이 남아 있습니다.

설화는 크게 신화(神話)·전설(傳說)·민담(民談)으로 나눌 수 있습니다.

신화(神話)란 신기한, 신들의(神) 이야기(話)입니다.

우리 나라의 경우 단군 신화, 고주몽 신화 등이 있고 서양엔 그리스·로마 신화 등이 잘 알려져 있습니다. 이들의 공통적인 특징은 위대한 능력을 지닌 신이 등장한다던가 뭔가 신비롭고 신기한(神) 이야기들(話)이라는 점입니다.

　이러한 신화는 주로 문명이 발달하기 전의 아주 오래된, 그야
말로 신화 시대에 만들어진 것들입니다. 신화에는 한 민족이 처
음 탄생하여 문명을 시작하는 모습을 상징적으로 그린 내용이 많
습니다. 단군 신화를 생각해 보면 잘 알 수 있겠지요?

　전설(傳說)이란 말 그대로 전해 오는(傳) 이야기(說)입니다. 오
래 전 TV에서 「전설의 고향」이라는 프로그램이 인기를 모았던
적이 있었습니다. 주로 옛날 이야기를 새롭고 재미있게 꾸며서
극 형태로 만든 것이었죠. 이 전설은 신화, 민담과는 달리 구체적
인 물건, 장소가 아직도 남아 있어서 증거물로 제시되곤 합니다.
그래서 특이한 땅 이름이나 고개, 바위 등에 관련된 이야기가 많
습니다. 그러나 전설에 등장하는 주인공은 크게 용맹을 떨치지
못하고 쉽게 좌절하기도 하지요.

　「장자못」이라는 전설 하나를 읽어 보겠습니다.

옛날에 한 인색하고 포악한 부자가 살고 있었다. 하루는 중이 와서 동냥을 하자 외양간을 치우던 이 부자가 쌀 대신 쇠똥을 바랑에 넣어 주었다. 중은 이 사실을 아는지 모르는지 그냥 바랑을 짊어지고 가려 하였다. 이 때 이 광경을 지켜보던 이 집의 며느리가 시아버지 몰래 부엌에서 쌀을 퍼다가 담아 주었다.

그러자 중이, "이 집은 곧 망할 터인데 만일 살려면 나를 따라오시오. 그렇지만 오면서 무슨 일이 있어도 절대 뒤를 돌아봐서는 아니 되오." 하였다.

며느리는 약속을 하고 그 중을 따라 나섰다. 한참을 가다 산을 오르려는데 뒤에서 이상한 소리가 났다. 며느리는 참고 계속 가려 했으나 뒤에서 더욱 큰 소리가 나서 뒤를 돌아보게 되었다. 그런데 이게 웬일인가? 자기가 살던 집이 어느새 연못이 되어 있는 게 아닌가? 깜짝 놀라는 순간 그 자리에서 며느리는 돌이 되어 버리고 말았다.

지금도 그 부자의 집터가 변한 못과 바위가 남아 있다고 한다.

이 전설에 나오는 며느리는 선량하긴 하지만 어떤 어려움을 이겨 낸다던가 용감하게 대처하는 모습은 보이지 않습니다. 또 이야기의 끝에 가서 지금도 거기에 관계된 것이 남아 있다고 하는 것은 전설에서 흔히 쓰는 방법입니다.

민담(民談)은 민간의(民) 이야기(談)입니다. 우리가 흔히 듣는 옛날 이야기라는 것이 거의 다 민담(民談)입니다. '옛날 옛날 호랑이 담배 필 시절에……'라고 시작되는 것처럼 반드시 사실이 아니고 그저 재미와 흥미를 위해 꾸며진 것들입니다. 여기에 등장하는 주인공들은 용감하고 어떤 어려움이든 쉽게 헤쳐 나갑니다. 또 끝날 때는 '잘 먹고 잘 살았다.'라는 식의 해피 엔딩으로 마무리되는 게 또 하나의 특징입니다. 전설과는 달리 반드시 증거물이 있지는 않습니다.

이상으로 설화(說話)에 속하는 신화(神話)·전설(傳說)·민담(民談)을 차례대로 알아보았습니다.

그런데 사실 이 셋은 명확하게 구분되지 않으며, 비슷비슷한 부분들이 많습니다. 특히 민담과 전설은 더욱 그러하여 민담 같으면서 전설인 것도 있고 전설처럼 현재까지 증거가 남아 있으면서도 주인공이 용감무쌍하게 악당을 물리쳐서 민담의 형태를 띤 경우도 있습니다. 그래서 사람들도 이 전설과 민담을 굳이 구분하지 않고 부르는 경우가 많습니다.

여러분은 일단 신화, 전설, 민담을 모두 '입으로 구전되던 설화, 즉 옛날 이야기'라는 정도로 알고 있으면 될 것 같군요.

▶ [구연], [구비문학], [채록] 참조

소설 小說

〔小 작은 소, 說 이야기 설〕
자잘한(小) 이야기(說).

소설(小說)이란 말 그대로 본다면 작고, 자잘한 이야기라는 뜻인데, 글로 기록된 재미있는 이야기를 소설이라고 합니다.

소설이 성립하기 위해서는 여러 가지 요건들이 필요하지만 그 중에서도 소설가와 독자는 꼭 있어야겠지요. 만일 소설가나 독자 중 어느 한 가지의 요소가 없다면 소설은 성립될 수 없을 테니까요.

그러면 오늘날의 소설이라는 말은 어디에서 유래된 것일까요? 소설이란 말은 곧 '작은 이야기'로, 이야기를 다루는 잔재주 따위를 지칭하는 말로 쓰여져 왔습니다. 중국의 저명한 철학가인 공자도 내용이 허황되고 도덕적이지 못하다는 이유로 소설을 배척했다고 합니다. 우리 나라에서도 소설을 점잖지 않은 잔재주쯤으로 인식하는 경향이 있었지요. 그래서 대설(大說)이 아닌 소설(小說)이 된 것입니다.

오늘날에는 누구나 즐겨 읽는 이야기가 된 소설의 갈래를 나누어 보면 분량상으로는 단편, 중편, 장편으로, 시대별로는 고대 소설과 현대 소설로 나누어지는데, 예를 들어 우리가 잘 알고 있는 『심청전』이나 『흥부전』은 고대 소설에, 『소나기』 등은 현대 소설에 속하는 것입니다. 이 밖에도 가치상으로 보면 대중 소설과 순수 소설 등으로 나누어질 수 있겠지요.

소설이 시나 다른 산문들과 비교하여 다른 점은 여러 인물들이 등장하여 관계를 맺으며 갈등을 극복해 간다는 하나의 줄거리를 이루고 있다는 점입니다. 예로부터 할머니의 구수한 옛날 이야기는 언제나 착한 사람과 나쁜 사람이 등장하여 갈등과 위기를 헤쳐 행복을 찾아가는 흥미진진한 줄거리를 가지고 있었습니다.

소설도 시대에 따라 변하는 것이어서 요사이 현대 소설에 와서는 하나의 줄거리를 이루는 이야기적인 구성보다는 인간의 내면 세계를 그리는 섬세한 심리 묘사를 다소 중시하는 경향이 있습니다.

필자는 중학교 2학년 때 원고지 30매 분량의 단편 소설을 국어 숙제로 내 본 적이 있는데 두고두고 기억에 남더군요. 소설을 직접 지어 보는 일은 아주 좋은 경험인 것 같습니다.

소재 素材

〔素 본디 소, 材 재목 재〕
글이나 예술 작품에서 본디의 토대, 기본(素)이 되는 재료(材).

제재 題材

〔題 문제 제, 材 재료 재〕
주제(題)를 이루고 있는 재료(材).

주제 主題

〔主 주인 주, 題 문제 제〕
작가가 그려 내려고 하는 주요한(主) 내용(題), 또는 작품의 중심이 되는
(主) 사상, 내용(題).

위의 용어들은 국어책에서 자주 듣는 말들이면서도 뜻 풀이를
하려면 어렵게 느껴지고, 소재와 제재는 구분하기가 어렵습니다.
소재(素材)란 우리가 어떤 글을 쓸 때 우리 주위에서 기본(素)
재료(材)로 얻어 쓸 수 있는 것들입니다. 기계의 부품과 같은 것
이죠. 예를 들어 여기 의자가 하나 있다면 그 의자의 소재(素材)
는 자연 상태의 나무와 못 같은 것들입니다.
그럼 제재란 무엇일까요? 제재(題材)란 주제(主題)를 이루고
있는 재료(材)이니, 소재와 별 다른 게 없는 것처럼 보입니다. 그
러나 다음과 같이 구분하면 쉽게 이해가 갈 것입니다. 소재(素材)
는 글로 쓰여지기 전의 자연 상태의(素) 재료들(材)이고 제재(題
材)는 이미 글이 써진 뒤의 주제를 뒷받침해 주는, 주제를 이루고
있는(題) 것들(材)입니다. 그래서 소재는 한편의 글에서 매우 많
은 수가 있을 수 있지만 제재는 몇 개로 요약할 수 있습니다.

그렇다면 가장 중요한 주제(主題)란 무엇일까요? 말 그대로 글의 중심이 되는(主) 내용(題)입니다. 여러분이 만일 한 편의 글을 쓴다면 누구든지 먼저 '무엇을 쓸 것인가?' 하는 것을 생각할 것이고 그것이 진행되다 보면 구체적인 글의 구상과 담아야 할 기본적인 내용들이 정해질 것입니다. 이와 같이 주제(主題)란 글쓴이가 글 속에서 말하고자 하는 근본적인(主) 생각(題)입니다. 따라서 아무리 묘사가 훌륭하고 노력을 한 글일지라도 일관된 주제(主題)가 있어야 합니다.

소화 笑話

〔笑 웃을 소, 話 이야기 화〕
웃음(笑)을 주는 단편적인 이야기(話).

요즘 재미있는 이야기들이 시리즈로 유행하고 있습니다. 참새 시리즈다, 덩달이 시리즈다 하는 것들 말입니다. 이런 것들이 요즘의 소화(笑話)입니다. 소화(笑話)란 우스운, 재미있는(笑) 이야기(話)입니다. 옛날의 소화(笑話) 한 편을 읽어 볼까요?

산중에 호랑이란 놈이 먹을 것을 구하러 나갈 궁리를 하고 있는데, 마침 어느 농부가 산 아래에 와서 담배밭을 맨다.

'옳지, 저놈을 잡아먹으리라.' 잔뜩 벼르고 있는데, 일하던 농부가 땀이 나고 덥던지 웃통을 홀떡 벗어 던진다. 보니 살도 엔간히 쪘고, 그런 중에 찢는 수고마저 덜라고 옷까지 벗어 놓았겄다. 어찌나 좋든지 한번 실컷 웃고 싶은데, 이 놈이 듣고 도망치면 헛일이다. 그레 어슬렁어슬렁 산등성이를 넘어가 실컷 웃고 도로 넘어와 보니까, 농사꾼은 벌써 집에 돌아갔는지 없어진 뒤더라는 것이다.

<이종훈의 『한국의 전래 소화』 중에서>

소화(笑話)는 사람들의 입을 통해 전해지기 때문에 길이가 길지 않고 짧습니다. 사람들에게 교훈을 주려 하기보다는 심심할 때의 이야깃거리로 전해진다는 특징이 있죠. 그러나 우스운 이야기가 그저 말장난으로 끝나고 아무 것도 남겨 주지 못한다면 별 의미가 없습니다. 웃음은 삭막하고 긴장된 현대 사회에 여유를 주지만 뭔가 의미하는 바가 있을 때 더욱 가치가 있습니다.

▶ [일화] 참조

속담 俗談

〔俗 세속 속, 談 말씀 담〕
세상에서(俗) 떠도는 말(談).

속담(俗談)이란 세속적인(俗) 이야기(談)를 말합니다. 속담은 예로부터 전해 내려오는 간략하면서도 교훈이 담겨진 말로서 주로 생활 경험에서 얻어진 지혜를 담고 있지요.

그러면 속담과 격언(格言)이 다른 점은 무엇일까요? 격언이 주로 옛 위인들이 남긴, 사람들의 생활에 훈계가 될 만한 짧은 말을 가리키는 것이라면, 속담은 작자나 출처가 분명하지 않고 사람들의 입에서 입으로 전해져 내려온 것입니다. 그러니까 격언에 비하여 속담은 좀더 친근한 사람들 사이에 입에서 입으로 전해져 내려온 것이라고나 할까요? 다음은 한자성어로 이루어진 속담들입니다. 다음 중 '쇠귀에 경 읽기'라는 속담을 찾아봅시다.

種豆得豆   雪上加霜   亡者計齒   牛耳讀經

위 속담의 소재들은 이빨, 콩, 눈 등 주로 우리 일상 생활에서 흔히 접할 수 있는 친근한 소재들이지요. 그러니까 속담은 심오하고 어려운 삶의 진리를 눈에 보이는 사물을 통해 쉽고 가깝게 깨닫게 해주는 우리 생활의 길잡이 역할을 한다고 하겠습니다.

속요 俗謠

〔俗 세상 속, 謠 노래 요〕
고려 시대에 민간(俗)에서 유행한 노래(謠).

속요(俗謠)를 글자 그대로 풀이하면 '세속의 노래'라는 뜻으로 나라에서 만든 정식 노래가 아니고 백성들이 지어서 부르는, 속된(俗) 노래(謠)라는 뜻이 담겨 있습니다. '俗(속)' 자는 '세속적이다, 품격이 낮다'는 의미입니다. 그러나 지금 우리가 속요(俗謠)라고 할 때에는 우리 국문학사에 있어 고려 때에 유행한 가요를 지칭하는 용어로 쓰입니다. 이는 특히 나라·임금의 입장에서 백성들의(俗) 노래(謠)라는 뜻이 강조되어 있는데, 흔히 민요풍의 노래를 궁궐에서 받아들여 발전시킨 것들이 많습니다. 지금까지 곡은 전하지 않고 가사만 전해지는 고려 속요로 「청산별곡」, 「쌍화점」, 「정과정」, 「이상곡」 등이 있습니다. 그 내용을 보면 주로 남녀간의 사랑과 이별의 아쉬움이 주를 이룹니다. 고려 속요의 하나인 「가시리」를 읽어 봅시다.

가시리 가시리잇고
버리고 가시리잇고

날더러는 어찌 살라 하고
버리고 가시리잇고

<「가시리」 중에서>

사랑하는 임이 떠나가는 것에 대한 아쉬움을 노래한 것입니다. 그러나 조선 시대에 오면 이러한 고려 가요가 점잖지 못하게 남녀간의 진한 사랑을 노골적으로 표현했다 하여 천시하게 되었습니다. 즉 남녀상열지사(男女相悅之事 남녀가 서로 좋아하는 일)라는 거죠. 알고 보면 사랑의 감정을 솔직히 표현한 것인데 지나치게 천시한 것이 아니었던가 싶습니다. 고려 속요를 국문학사에서는 '고려 가요'라고도 합니다.

수동문 受動文

〔受 받을 수, 動 움직일 동, 文 글 문〕
주어가 남에게 움직임을(動) 받는(受·被) 꼴의 문장(文). 피동문(被動文).

사동문 使動文

〔使 하여금 사, 動 움직일 동, 文 글 문〕
주어가 남으로 하여금(使) 무엇을 하게 하는(動) 꼴의 문장(文).

달수의 꿈은 우리 나라의 고전을 연구하는 고전학자가 되는 것입니다. 그래서 달수는 한문 공부를 열심히 합니다. 우리 나라의 고전은 대개가 한문으로 쓰여졌기 때문에 지금부터 기초를 다지기 위해서 입니다. 어느 날, 한문을 공부하던 달수는 수동문(受動文)과 사동문(使動文)을 이해하지 못했습니다. 달수는 한문 선생님을 찾아가 여쭈었습니다. 선생님은 자상히 가르쳐 주셨습니다.

달수야, 단어의 뜻을 알려면 먼저 각 한자의 뜻을 잘 알아야 한다. 수동문(受動文)의 수(受) 자는 '받을 수' 자란다. 그러니까 수동(受動)이란 남에게 움직임(動)을 받는다(受)는 뜻이지. 예를 들어 '범인이 경찰에게 잡혔다'고 할 때는, 범인이 경찰에 의해 잡힘을 당한 것이지. 이런 것이 바로 수동이란다. 피동(被動)의 피(被) 자도 '입을 피' 자이니, 역시 어떤 동작을 당한다 또는 받는다는 뜻이 되지. 수동문이나 피동문은 모두 주어가 남에게 동작을(動) 당하는(受 또는 被) 꼴의 글(文)이란다.

사동문(使動文)은 그 반대이지. 사(使) 자가 '하여금 사', '시킬 사'이니, 누구로 하여금(使) 무엇을 하게 한다(動)는 꼴의 글(文)이란다. 예를 들어 볼까. '선생님이 철수에게 동화책을 읽혔다.'라고 할 때에, 선생님이 철수로 하여금 동화책을 읽게 한 것이지. 이런 것이 사동문이란다.

수미상관 首尾相關

〔首 머리 수, 尾 꼬리 미, 相 서로 상, 關 관련될 관〕
시의 첫머리와(首) 끝을(尾) 서로(相) 관련되게 함(關).

수(首)는 흔히 '머리', '시작', '처음' 등을 뜻하고, 미(尾)는 '꼬리', '끝'을 뜻합니다. 그러니까 수미(首尾)는 '시작과 끝'을 의미합

니다. 수미상관(首尾相關)이란 글자 그대로 시작(首)과 끝(尾)이 서로(相) 관련되게(關) 하여 의미를 강조하는 표현법이지요. 특히 시에서 많이 쓰입니다. 시의 첫 행과 끝 행을 서로 같게 하거나, 비슷하게 하는 것이지요. 다음 시를 읽어 볼까요.

엄마야 누나야, 강변 살자.
뜰에는 반짝이는 금모래 빛
뒷문 밖에는 갈잎의 노래
엄마야 누나야, 강변 살자.

이 시에서는 첫 행과 끝 행을 모두 '엄마야 누나야, 강변 살자.' 로 하여, 강변에 살고자 하는 간절한 바램을 강하게 드러냈습니다. 이러한 것을 바로 수미상관이라고 합니다.

수사법 修辭法

〔修 꾸밀 수, 辭 글 사, 法 방법 법〕
글을(辭) 훌륭하게 꾸미는(修) 방법(法).

　수사법(修辭法)이란 글(辭)을 훌륭하게 꾸미는(修) 방법(法)입
니다. 바꾸어 말하면 글로써 표현하는 모든 기법입니다. 여러분이
만약 글을 잘 쓰고 싶다면 생각나는 대로 마구 써서는 안 됩니다.
글은 우선 문법과 맞춤법에 맞게 써야 하는 것은 물론이고, 생각
을 조리 있게 정리하고 표현을 가다듬어 써야, 읽는 사람이 잘 이
해하고 감동을 받을 수 있습니다. 상당한 노력이 필요한 것이지
요. 말하고자 하는 내용에 따라 강할 것은 강하게, 부드러울 것은
부드럽게, 화려할 것은 화려하게, 건조할 것은 건조하게, 길 것은
길게, 짧아야 할 것은 짧게 표현해야 합니다.
　수사법을 크게 비유법, 강조법, 변화법으로 나눕니다. 비유법에
는 직유법, 은유법, 풍유법, 대유법 등이 있고, 강조법에는 과장
법, 반복법, 영탄법, 열거법 등이 있고, 변화법에는 도치법, 설의
법, 반어법, 문답법 등이 있습니다.
　그러면 이중에서 평범한 문장 가)와 비유법을 잘 활용한 문장
나)를 서로 비교해 보겠습니다.

　가) 당 현종을 사로잡은 양귀비의 미모는 매우 빼어났다. 궁중
의 여인들이 수백이었지만 모두 그녀만 못했다. 가녀린 몸매에
하얀 피부하며, 코도 예쁘고, 눈과 눈썹도 예쁘고, 볼도 예쁘고,
입술도 예뻤다.

　나) 당 현종을 사로잡은 양귀비는 한 송이 연꽃이었다. 그녀가

나타나면 궁중의 모든 여인들이 얼굴을 들지 못할 정도였다. 무너져 내릴 듯한 가녀린 몸매에 백설 같은 피부, 빚어 놓은 듯한 코, 수정 같은 눈과 나비 같은 눈썹, 앵두 같은 볼, 석류 같은 입술은 천상의 여인과 같았다.

당나라 최고의 미인 양귀비의 미모를 기술하는 두 문장 중에 비유법을 적절히 사용하여 수식한 나)는 가)에 비해 훨씬 더 감동적입니다. 이처럼 훌륭하게 꾸민 글은 독자에게 무한한 감동을 줍니다.

수상록 隨想錄

[隨 따를 수, 想 생각 상, 錄 기록할 록]
사물을 대할 때, 생기는 느낌이나 생각을(想) 따라(隨) 기록함(錄).

수상록(隨想錄)은 원래 프랑스의 사상가 몽테뉴가 지은 수필집의 이름입니다. 그 책은 철학, 문학, 정치, 풍속 등 다양한 내용을 자유로운 입장에서 부드럽고 알기 쉽게 썼기 때문에 그렇게 이름을 붙였습니다. 우리가 사물을 보면서 떠오르는 생각(想)을 따라(隨) 글로 옮긴다면(錄) 그것도 수상록(隨想錄)이 됩니다. 다음 예를 봅시다.

더운 여름날 등산을 하다 보니 올라가기도 전에 벌써 등에 땀이 흐르고 있었다. 조금 올라가다 냇물이 있어 더위도 식힐 겸 잠시 발을 담궜다. 뜨거운 태양 아래서 흘러가고 있었지만, 산의 정기를 타고 내려온 계곡 물이라 그런지, 뼛속까지 시원하게 해주었다.

　조금 더 올라 숲 속 오솔길로 접어들었다. 높다란 나무들이 빽빽이 서 있어 온통 그늘이었다. 따가운 햇살을 피하는 것만으로도 기분이 좋았다.

　이 때 산에 오르면서 떠오르는 자신의 생각을 수상(隨想)이라 하고, 이 수상들을 여러 개 모아 책으로 엮으면 그것이 바로 수상록(隨想錄)입니다.

수필 隨筆

〔隨 따를 수, 筆 붓 필〕
붓을(筆) 따라(隨)(붓 가는 대로) 자유롭게 쓴 글.

　수필(隨筆)은 형식에 얽매임이 없이, 보고 들은 것이나 체험, 또는 의견이나 감상을 마치 붓 가는 대로 적은 글을 말하는데, 중국 남송 때 홍매의 『용재수필』 서문에 "나는 버릇이 게을러 책을 많이 읽지 못하였으나 뜻하는 바를 따라 앞뒤를 가리지 않고 써 두었으므로 수필이라고 한다."라는 말이 보입니다.

　수필은 일반적으로 미리 어떤 계획이 없이 일정한 형식에 얽매이지 않고 자기의 느낌, 기분, 정서 등을 표현하는 산문 양식의 한 갈래를 가리킵니다. 비교적 짧고 개인적이며 서정적인 특성을 가진 글입니다. 수필은 그 정의가 좀 막연한 것과 같이 그 종류의 분류도 일정하지 않은데, 보통 일기, 편지 글, 감상문, 기행문 등이 수필에 속합니다. 수필은 글의 성격에 따라 중수필(重隨筆 essay)과 경수필(輕隨筆 miscellany)로 나눌 수 있습니다. 중수필은 어느 정도 지적·객관적·사회적·논리적 성격을 지니는 느낌이 무거운(重 무거울 중) 수필이고, 경수필은 감성적·주관적·개인적·정서적 특성을 가지는 신변잡기류로서, 내용이 비교적 가벼운(輕 가벼울 경) 수필이 이에 속합니다.

순수시 純粹詩

〔純 순수할 순, 粹 순수할 수, 詩 시 시〕
시 자체의 순수성(純粹)을 강조하는 시풍(詩).

참여시 參與詩

〔參 참여할 참, 與 참여할 여, 詩 시 시〕
시의 사회적인 참여성(參與)을 강조하는 시풍(詩).

시에는 여러 가지 갈래가 있습니다. 예를 들어 고시와 현대시는 시를 시대별로 나눈 것이고 자유시와 정형시는 시의 형식을 기준으로 한 것이지요. 그중에서도 순수시와 참여시의 구분은 시의 사회성을 중심으로 나누는 갈래입니다.

시는 여러 가지의 사회적인 역할을 가지고 있지요. 시를 읽으면 마음이 맑아진다거나 정서가 순화된다거나 하는 것들이 그것입니다. 순수시란 이와 같이 말 그대로 시를 읽으며 느끼는 아름답고 깨끗한, 시 자체의 서정미를 중시하는 시의 한 경향입니다. 복잡한 사회 속에서 영원히 불변하는 아름다운 시의 세계로 독자들을 인도하는, 시의 순수성을 강조하는 입장이지요.

이에 비해 참여시는 사회의 현실 안에서 존재하는 여러 가지 모순이나 문제들에 대해 시의 예술성을 통해 보다 적극적으로 해결해 가자는 시의 사회적인 참여를 강조하는 입장이지요. 순수와 참여에 대한 논쟁은 70년대 이래로 끊임없이 계속되어져 왔는데 순수시가 역사 의식을 떠나 지나치게 안일한 예술지상주의라는 비판을 받아 왔다면 참여시는 문학을 사회 발전의 도구적인 측면으로서 바라본다는 논란이 제기되어 왔습니다. 최근에 와서는 순수나 참여냐를 먼저 가리기 이전에 시의 본질적인 작품성을 위주로 보는 경향이 있는데 바람직한 현상이라 하겠습니다.

　돌담에 속삭이는 햇발같이/ 풀 아래 웃음 짓는 샘물 같이/ 내 마음 고요히 고운 봄길 위에/ 오늘 하루 하늘을 우러르고 싶다.

　새악시 볼에 떠오는 부끄럼 같이/ 시의 가슴에 살포시 젖는 물결 같이/ 보드레한 에메랄드 얇게 흐르는/ 실비단 하늘을 바라보고 싶다.

<김영랑의 「돌담에 속삭이는 햇발같이」>

　풀이 눕는다./ 비를 몰아 오는 동풍에 나부껴/ 풀은 눕고 드디어 울었다./ 날이 흐려서 더 울다가 다시 누웠다.

　풀이 눕는다./ 바람보다도 더 빨리 눕는다./ 바람보다도 더 빨리 울고/ 바람보다 먼저 일어난다.

<김수영의 「풀」 중에서>

　첫 번째 시는 김영랑의 시로 시어의 아름다운 운율이 돋보이는 순수시의 대표적인 작품이지요. 두 번째 시는 참여 시인으로 알

려진 김수영의 시로서 부드러운 풀의 힘 속에 녹아 있는 삶의 건강한 생명성을 노래한 작품입니다. 두 시를 감상하고 어떤 느낌을 주는지 비교해 봅시다.

시가 詩歌

〔詩 시 시, 歌 노래 가〕
곡에 맞추어 불리어지던(가창되던) 운문. 시(詩)이면서 노래(歌).

문학을 크게 분류하자면 운문과 산문으로 나눌 수 있습니다. 운문의 대표적인 것이 시인데 예전의 시는 음악이 곁들여져 일정한 가락을 넣어 노래했기 때문에 음악과 밀접한 관계가 있었습니다.

그러니까 시가(詩歌)란 시(詩)이면서 노래로 불리던 것(歌)을 통틀어 말하는 것입니다. 대표적인 예로 시조를 들 수 있습니다.

다음의 시조를 보실까요?

태산이 높다 하되 하늘 아래 뫼이로다
오르고 또 오르면 못 오를 리 없건마는
사람이 제 아니 오르고 뫼만 높다 하더라

이런 시조는 시이면서 동시에 곡조를 붙여 불려지는 노래입니다. 시조 외에 시가에 포함할 수 있는 것으로 향가, 고려 속요, 경기체가, 가사 등을 들 수 있습니다. 이들은 모두 시와 같은 운문이면서 노래로 부르던 것들입니다.

▶ [산문 散文] 참조

시상 詩想

〔詩 시 시, 想 생각 상〕
시(詩)로 표현하고 싶은 시인의 생각(想).

똘똘이는 친구들과 함께 오랜만에 등산을 갔습니다. 급한 마음에 뒤돌아볼 겨를도 없이 친구들과 함께 밀어 주고 끌어 주며 땀을 뻘뻘 흘리면서 무작정 올라갔습니다. 드디어 정상에 올라 뒤를 돌아보니 '어어어!' 이게 웬일입니까? 어떻게 말로 표현할 수 없는 아름다운 광경이 눈앞에 펼쳐져 있는 것이 아닙니까?

구름 속에 뒤덮인 산자락, 푸르고 곧게 자란 나무들이 어우러져 내뿜는 장엄함이란 너무나 감동스러운 풍경 그 자체였습니다. 그래서 똘똘이는 이 감동을 시로 옮겨 봐야겠다는 생각을 하게 되었습니다. 바로 시상(詩想)이 떠오른 것이지요. 이처럼 시상(詩

想)이란 시(詩)로 표현하고 싶은 생각(想)을 말합니다.

우리는 보통 시(詩)를 쓰는 것은 굉장히 어려운 작업이라고 생각하고, 시인(詩人)하면 이 세상에 태어날 때부터 정해진 사람이라고 생각합니다. 그러나 똘똘이처럼 어떠한 모습을 보고, 또는 경험을 하고는 자신의 마음속 깊은 곳에서부터 우러나오는 진한 감동을 적절한 언어를 사용하여 솔직하게 표현한다면 바로 좋은 시가 된다고 생각합니다. 여러분도 떠오르는 생각, 시상(詩想)을 시로 진실되게 표현해 보세요. 훌륭한 시인이 될 수 있답니다.

시점 視點

〔視 볼 시, 點 곳 점〕
보는(視) 점(點).

시점(視點)이란 소설 속에서 글을 풀어 나가는 사람이 어떤 입장과 시각에서 이야기를 전개해 가느냐 하는 것입니다.

여러분들이 소설을 읽다 보면 '나'가 주인공이 되어서 직접 이야기를 풀어 가는 경우가 있지요? 이것을 1인칭 주인공 시점이라고 합니다.

다음 소설과 같이 소설을 풀어 나가는 사람과 소설의 주인공이 일치하는 경우이지요.

<1인칭 주인공 시점>
나는 여덟 살인가 아홉 살 때 처음으로 나비를 잡기 시작했다. 처음엔 별로 열심이랄 것도 없이 다른 애들이 다 하니까 나도 해 보는 정도였다. 그런데 열 살쯤 된 두 번째 여름에는

나는 완전히 이 유희에 취미가 생겨서 이 때문에 다른 일은 전혀 돌보지 않게 되었다.

<헤르만 헷세의 「나비」 중에서>

반면에 '나'가 이야기를 풀어 가긴 하지만 주인공이 따로 있어서 관찰자의 시각에 머무른 것을 1인칭 관찰자 시점이라고 합니다. 아래 소설에서와 같이 '나'가 주인공인 어머니를 관찰하며 이야기를 풀어 가는 입장이지요.

<1인칭 관찰자 시점>
나는 금년 여섯 살 난 처녀애입니다. 내 이름은 박옥희이구요. 우리 어머니는, 그야말로 세상에서 둘도 없이 곱게 생긴 우리 어머니는 금년 나이 스물네 살인데 과부랍니다. 과부가 무엇인지 나는 잘 몰라도 하여튼 동리 사람들이 나더러 '과부딸'이라고들 부르니까 우리 어머니가 과부인 줄은 알지요.

<주요섭의 「사랑 손님과 어머니」 중에서>

이와는 달리 3인칭 시점은 '나'가 등장하지 않고 작가가 제삼자가 되어 객관적으로 이야기를 서술하는 방식입니다. 이것을 작가 관찰자 시점이라고 하지요.

<작가 관찰자 시점>
학이 돌아 온 날은 학마을의 가장 큰 잔칫날이었다. 그 날은 밤이 깊도록 학나무 밑에 화톳불이 이글이글 탔다. 불 가에 둘러앉은 젊은이들은 막걸리를 사발로 마구 들이켜 댔다.

<이범선의 「학마을 사람들」 중에서>

반면에 같은 3인칭 시점이면서도 작가가 전지(全知 모두 다 알고 있는 것)적인 입장에서 주인공들의 생각과 감정 하나하나를 꿰뚫어 보듯 서술하는 것을 전지적 작가 시점이라고 합니다.

<전지적 작가 시점>
창 밖을 내다보던 영신은 다시금 콧마루가 시큰해졌다. 예배당을 두른 야트막한 담에는 쫓겨 나간 아이들이 머리만 내밀고 죽 매달려서 담 안을 넘어다보고 있지 않은가! 고목이 된 뽕나무 가지에 닥지닥지 열린 것은 틀림없는 사람의 열매다.
<심훈의 「상록수」 중에서>

이렇듯 소설의 시점은 작가의 보는 눈에 따라 달라지며 시점에 따라 소설의 다른 맛과 분위기를 느낄 수 있는 것입니다.
이제 소설을 감상할 때는 시점에 잘 유의하여 감상해 봅시다!

시제 時制

〔時 때 시, 制 방식 제〕
말하거나 글 쓸 때를 기준으로 해서, 과거·현재·미래의 때를(時) 나타내는 방식(制).

나는 지금 중학교 2학년이고, 내 동생 영이는 국민학교 3학년입니다. 영이는 얼마 전부터 일기를 쓰기 시작했습니다. 나는 동생의 일기를 읽으면서 맞춤법이 틀리거나, 글이 어색한 곳을 고쳐 줍니다. 동생이 주로 틀리는 것은 시제(時制)입니다. 다음은 동생의 일기인데 주의해서 읽어 보세요.

158

1995년 ○월 ○일 월요일. (맑음)
어제는 철수와 같이 학교에 간다. 나는 철수를 웃기려고 텔
레비전에서 본 코미디를 이야기했다. 철수는 배꼽이 빠져라 웃
었고, 나도 기분이 좋겠다. 그런데 골목에서 갑자기 차가 달려
나와서, 우리는 하마터면 차에 치일 뻔했다. 운전사 아저씨는
도리어 우리에게 소리를 질렀다. 나쁜 아저씨다. 왜 어른들은
운전할 때 조심하지 않는 걸까?

이 일기의 시제(時制)는 어제라는 과거이니까 '학교에 간다'는
당연히 '학교에 갔다'로, '기뿐이 좋겠다'는 '기분이 좋았다'로 해
야 합니다. 나는 동생에게 이렇게 가르쳐 주었습니다.
  "영이야. 글을 쓸 때에, 그것이 과거의 일이라면 '하였다', '했다'
등의 과거 시제로 써야 하고, 그것이 현재의 일이라면 '한다' 등
의 현재 시제로 써야 하고, 그것이 앞으로 할 일이라면 '하겠다'
'할 것이다' 등의 미래 시제로 써야 해. 알겠지?"

시 호 諡號

[諡 시호 시, 號 부를 호]
옛날에 임금, 정승, 선비들의 공덕을 기리어 죽은 뒤에 주던 이름.

우리는 율곡, 퇴계라고만 불러도 이이와 이황을 가리킨다는 것
쯤은 익히 알고 있습니다. 이이와 이황을 높이는 뜻에서 율곡, 퇴
계라고 불렀던 것인데, 이렇게 이름 대신 부르던 것으로는 자(字)
와 호(號)가 있습니다.
  요즘 우리는 이순신 장군을 충무공이라고도 부릅니다. 그렇다

면 이순신이 살아 있을 당시에도 이순신 장군을 '충무공'이라고 불렀을까요? 충무공은 이순신이 죽은 후에 그의 충절을 기리는 뜻에서 나라에서 내린 이름인데, 이러한 것을 시호(諡號)라고 합니다. 흔히 태조니 세종이니 하는 왕의 명칭도 모두 왕이 죽은 뒤에 붙인 시호입니다.

원래 시호는 임금, 정승, 훌륭한 선비 등이 죽은 뒤 그들의 행적을 기리기 위하여 임금이 내린 이름이었습니다. 시호는 중국 주나라 때 처음 시작되었고, 후에 진나라 시황제 때에 일시 폐지되었다가, 한나라 때 다시 복구되어 명나라, 청나라로 이어졌습니다.

우리 나라에서는 514년(신라 지증왕 14년)에 왕이 죽자, '지증'이라는 시호를 주었다는 기록이 남아 있는데, 이것이 왕에 대한 시호로는 처음이라고 합니다.

조선 시대에는 살아 있는 임금의 친척들과 문관, 무관 중 정2품 이상의 벼슬을 했던 신하에게 시호를 주기도 했습니다. 그렇지만 대개의 경우 시호를 받을 사람이 죽으면 그의 자손들이 죽은 이의 행적을 담당 관청인 예조에 내고, 예조에서는 다시 상급 기관인 홍문관에 보내어 담당 관리들이 한 자리에 모여 시호를 정하여 하사했다고 합니다.

신소설 新小說

〔新 새 신, 小 작을 소, 說 이야기 설〕
개화기의 새로운(新) 소설(小說).

여러분 다음 문제를 잘 읽고 정답을 말해 보세요.

160

1. 우리 나라 최초의 소설은 무엇일까요?
2. 우리 나라 최초의 국문소설은 무엇일까요?
3. 우리 나라 최초의 신소설은 무엇일까요?

1의 정답은 매월당 김시습의 『금오신화』입니다. 김시습이 조선 세조 때 경주의 금오산에서 짓고, 그 산의 이름을 따서 『금오신화』라고 했습니다. 그런데 한문으로 된 소설이기에 여러분이 직접 원문을 읽기는 어렵습니다.

2의 정답은 『홍길동전』입니다. 허균이 광해군 때에 지은 소설로, 국문소설로는 최초의 것입니다.

3의 정답은 이인직의 『혈의 누』입니다.

신소설이란 무엇일까요?

『금오신화』나 『홍길동전』을 고전소설이라고 하는데, 고전소설은 개화기 이전에 지어진 소설을 말합니다. 신소설은 개화기 때에 지어진 것이지요. 이전의 고전소설에 비해서 내용과 형식상 새로운(新) 소설(小說)이라서 신소설(新小說)이라고 한 것입니다. 대략 1800년대 말에서 1900년대 초에 한글로 지어진 소설들입니다. 이인직은 『혈의 누』 외에도 『은세계』·『치악산』·『귀의 성』을 지었고, 이해조, 최찬식 등이 유명한 신소설 작가들입니다. 신소설은 고전소설의 전통을 잘 계승한 동시에, 봉건적인 요소들을 타파하려는 내용을 지녔고, 고전소설과 다르게 문어체가 아닌 구어체(말하는 대로 쓴 글)로 되어 있습니다.

마지막으로 하나 더 묻겠습니다.

『혈의 누 (血의 淚)』란 '피눈물'이란 뜻입니다. 그러면 『귀의 성 (鬼의 聲)』이란 무슨 뜻이지요?

정답 : 귀신의 소리.

신 체 시 新體詩

〔新 새 신, 體 몸 체, 詩 시 시〕
1900년대 초의 새로운(新) 형식의(體) 시(詩).

다음의 시를 함께 읽어 볼까요?

텨……ㄹ썩, 텨……ㄹ썩, 텩, 쏴……아.

때린다, 부슨다, 문허바린다.

태산 갓흔 놉흔 뫼, 딥태 갓흔 바위ㅅ 돌이나

요것이 무어야, 요게 무어야,

나의 큰 힘, 아나냐, 모르나냐, 호통까디 하면서,

때린다, 부슨다, 문허바린다.

텨……ㄹ썩, 텨……ㄹ썩, 텩, 튜르릉 콱.

<최남선의 「해(海)에게서 소년에게」 중에서>

이 것은 1908년 잡지 「소년」의 창간호에 실린 시입니다.

이 시를 일컬어 최초의 신체시(新體詩)라고 합니다. 그러면 왜 신체시라고 했을까요?

신체시란 말 그대로 새로운(新) 모양의(體) 시(詩)란 뜻입니다. 그러니까 그 이전에 지어졌던 한시나 시조와는 달리 정형적인 율조를 깨뜨리고 자유로운 형태로 표현하려는 새로운 형식의 시입니다. 신체시는 한시나 시조보다는 형식이 훨씬 자유로운 자유시에 속하지만 형식적인 면에서 규칙적으로 반복되는 후렴과 창가적인 형태가 남아 있어 완전한 자유시라고는 할 수 없습니다.

최남선 이후에는 이광수, 현상윤, 김억 등의 시인들이 신체시를 지었는데, 이후 계속 발전하여 현대시로 이어지게 됩니다.

신파극 新派劇

〔新 새 신, 派 갈래 파, 劇 극 극〕
1910년대 초부터 1940년대 말까지 유행했던 새로운(新) 갈래의(派) 연극
(劇).

　여러분은 텔레비전에서 『이수일과 심순애』를 본 적이 있을 것
입니다. 이수일은 가난한 고학생이었고 심순애는 아리따운 처녀
였는데, 둘은 아주 사랑하는 사이였습니다. 그런데 돈 많은 김중
배가 나타나면서 문제가 생겼습니다. 김중배는 비싼 다이아몬드
로 심순애를 꼬셨는데, 사랑이냐 돈이냐를 고민하던 심순애는 김
중배와 결혼하고 말았습니다. 이 때 이수일이 심순애를 만나서
따지는 부분의 대화는 유명합니다. "순애야, 너는 김중배의 다이
아몬드 반지가 그렇게도 탐났단 말이냐? 에이, 더러운 것." 그 후

이수일은 복수심에 돈을 악착같이 벌어 수전노가 되었답니다.

우리는 『이수일과 심순애』 같은 연극을 신파극(新派劇)이라고 합니다. 우리 나라에 예전부터 내려오던 여러 형태의 극들, 즉 판소리, 탈춤 등과 구별하기 위해서 새롭다는 의미의 신(新) 자를 붙여 새로운(新) 갈래의(派) 연극(劇), 신파극(新派劇)이라 한 것입니다. 하지만 판소리의 영향을 어느 정도 받기도 했습니다. 신파극은 독특한 대사가 매우 인상적입니다. 한 마디씩 힘을 주어 끌면서 격한 감정을 집어넣습니다. 그래서 촌스럽게 느껴지기도 하는데, 흔히 좀 유치한 것을 일컬어 '신파조 같다'라고 평하지요.

신파극은 1910년대에 일본의 문물이 쏟아져 들어오면서 일본에서 공연되던 연극이 도입된 것입니다. 내용은 주로 주인공이 어려운 처지에 몰려 관중의 눈물을 자아내다가 끝에 가서 행복을 되찾는 것입니다. 그 때의 입장료는 10전에서 30전까지였고, 학생과 어린이들은 할인해서 반값을 내었다고 합니다. 그나마 돈이 없는 아이들은 담을 넘거나 하수구를 통해 들어갔지요. 1940년대에 들어서 일제는 신파극의 내용을 엄격히 통제하여, 전쟁을 찬양하고 학도병과 의용군으로 나가 싸우라는 내용만을 공연하도록 했습니다. 그러다가 해방 후에는 자취를 감추어 지금은 전혀 볼 수 없게 되었습니다.

심상 心象

〔心 마음 심, 象 모양 상〕
사람의 마음에(心) 그려지는 사물의 모양(象)이나 느낌. 이미지(image)

여러분! 뚱뚱한 사람을 보면 어떤 모습이 떠오를까요? 돼지이겠죠. 그러면 이문세, 유열, 이수만 아저씨를 볼 때 마음속에(心) 그려지는 사물의 모양은(象) 어떤 것일까요? 심상이란 사람의 마음속에(心) 그려지는 사물의 모양(象)이나 느낌으로, 영어로는 이미지(image)라고 합니다.

시각적인 것 외에도, 다른 사람이 자두를 먹으면 자신도 신맛을 느껴 침을 흘리는 것처럼, 냄새나 맛에 대한 감각이 나타날 때도 심상이라고 합니다. 다음 시를 감상해 보세요.

내 마음은 호수요
그대 노 저어 오오.
나는 그대의 흰 그림자를 안고
옥같이 그대의 뱃전에 부서지리라.

이 시는 님에 대한 사랑을 노래하고 있는데, 우리는 시에서 그려 놓은 '호수'를 통해 넓고, 잔잔하고, 포근한 심상을 느끼게 됩니다.

압운 押韻

[押 누를 압, 韻 운 운]
한시를 지을 때 두 구절 끝마다에 운자(韻)를 눌러 주듯이(押) 붙임.

운자 韻字

[韻 운 운, 字 글자 자]
압운(韻)에 쓰이는 글자(字).

　한시는 다른 어떤 종류의 시보다 시의 형식을 중시합니다. 형식에 잘 맞추어 지은 시를 마치 훌륭한 조각 작품처럼 아름답게 여깁니다. 형식을 중요시하는 시를 정형시라고 하지요. 조선 시대에 유행했던 시조는 대표적인 정형시입니다. 또 김소월의 「산유화」도 정형시입니다.

　그런데 우리가 아는 정형시는 보통 글자 수를 맞추는 것이지요. 시조는 3장 6구 45자 내외를 기본 골격으로 하여, 각 장마다 글자 수가 정해져 있습니다. 정형시는 글자 수를 글자 수로 맞추는 것보다 리듬으로 맞추는 것이 더 중요한데, 한시는 여기에서 머무르지 않고 운자를 알맞게 붙이는 것을 중요하게 칩니다. 그러니까 시의 형식에서 가장 중요한 것은 글자 수를 맞추는 것이고, 그 다음이 운자를 알맞게 붙이는 것입니다. 운자(韻字)를 붙이는(押) 것을 압운(押韻)이라고 합니다.

　운(韻)이란 무엇일까요?

　한자의 발음은 첫소리(초성)·중간소리(중성)·끝소리(종성)의 세 부분으로 나뉩니다. 첫소리 부분을 성(聲)이라 하고, 중간소리와 끝소리 부분을 합쳐 운(韻)이라 합니다. 예로서 음이 '빵' 자인 경우, 첫소리인 'ㅃ'을 성(聲)이라 하고, 중간소리와 끝소리를 합친 ' ʒ'을 운(韻)이라고 합니다. 이 운 부분을 잘 살려 읽으면 멋스럽게 됩니다.

압운(押韻)이란 두 구절(즉 하나의 연)의 끝마디에 운이 같은 글자를 붙여 주는 것입니다. '빵' 자의 경우에는 깡, 강, 쌍, 상, 방 등을 음으로 하는 한자들이 모두 같은 운의 한자들인데, 이런 한자들을 두 구절의 끝마디에 붙여 주는 것이지요.

운자(韻字)란 압운에 쓰이는 한자를 말합니다. 압운을 하는 이유는 무엇일까요. 소리 내어 읽을 때 여운을 남겨 멋지게 들리도록 하려는 것입니다. 이해를 돕기 위해 한시 한 수를 예로 봅시다.

江碧鳥逾白이요	강물이 파라니 새는 더욱 회고
山靑花欲然이라.	산빛 푸르니 꽃은 불타는 듯하네.
今春看又過하니	올 봄도 또 지나가니
何日是歸年고.	어느 날이나 고향에 돌아갈까.

당나라의 시인 두보(杜甫)가 오래도록 타향에서 떠돌며 고향을 그리는 심정을 오언절구 형식으로 읊은 시입니다. 이 시에서 운자는 어떤 것인지 찾아보세요. 운자는 두 구절마다의 끝에 붙이는 것이니까, 연(然) 자와 년(年) 자가 운자로 쓰인 것입니다. 연(然) 자와 년(年) 자의 운은 모두 '켠'이기 때문에 같은 운자로 쓰인 것이죠. 시를 읽을 때 이 두 글자를 여운이 남는다는 기분으로 멋지게 읽는 것입니다. 이제 압운이 무엇인지 아셨을 것입니다.

그러나 여러분이 한시를 공부할 때에는, 먼저 해석을 충실히 하여 그 의미를 감상하는 데 힘써야 합니다. 압운과 같은 형식에 매달리다 보면 어렵다고 느껴져 시 읽는 재미를 모르게 됩니다.

억양 抑揚

〔抑 누를 억, 揚 날릴 양〕
말이나 글에서 논조를 올리거나(揚) 내림(抑).

억양법 抑揚法

〔抑 누를 억, 揚 날릴 양, 法 방법 법〕
말할 때 추어올렸다가(揚) 내리거나(抑) 깎아 내렸다가 칭찬하는 식의 수
사법(法).

억양(抑揚)이란 말할 때 음을 내리고(抑) 올리는(揚) 것을 말합
니다. 흔히 우리는 경상도 말이 억양이 강하다고 말하곤 하죠. 경
상도를 여행하면서 말을 들어 보면 평상시 말하는 것인데도 마치
서로 싸우는 것같이 시끌벅적합니다. 말을 할 때 음을 올리고(揚)
내리는(抑) 것이 심하다 보니 이렇게 들리는 것이죠.

그러면 억양법(抑揚法)이란 무슨 말일까요?

"쇠돌이는 약간 모자라지만 누구보다도 착실한 사람이야!"라는
문장이 있다고 합시다.

이 말은 쇠돌이가 모자라다는 것보다는 착실하다는 데에 더 큰
뜻을 두고 있습니다. 그런데 말하는 사람은 왜 약간 모자란다는
말부터 먼저 하였을까요? 쇠돌이의 지혜가 약간 모자란 것이 사
실이기도 하겠지만, 그보다는 모자라면서도 착실하다는 것을 돋
보이도록 하기 위하여 일단 단점부터 말한 것이죠. 이렇게 하면
훌륭한 점이 더욱 살아나게 되기 때문입니다. 이런 방법을 두고
억양법(抑揚法)이라 합니다. 즉 말하고자 하는 대상에 대해서 일
단 깎아 내렸다가(抑) 추어올리거나(揚), 먼저 칭찬을 하고(揚)
나중에 깎아 내리는(抑) 방법(法)을 말합니다.

언문 諺文

〔諺 상말 언, 文 글 문〕
한글을 낮게 불렀던 말. 상글. 훈민정음.

조선 후기에 살았을 소년 쇠돌이를 주인공으로 이야기를 꾸며 보았습니다.

쇠돌이는 오늘도 남산에 올라가 나무를 잔뜩 해서, 시장에 내다 팔았습니다. 빠른 걸음으로 집에 돌아와 저녁을 먹고 책을 펼쳤습니다. '가 갸 거 겨 고 교 구 규 그 기, 나 냐 너……' 책을 읽는 쇠돌이의 목소리는 힘차게 울려 퍼졌습니다.

비록 양반들이나 배우는 한문을 배울 수는 없는 처지였지만, 언문이라도 깨우치게 된 것이 얼마나 다행인지 모릅니다. 이제 조금만 더 익히면 제 손으로 편지를 쓸 수도 있고, 재미있는 『홍길동전』도 읽을 수 있다고 생각하니 꿈만 같았습니다.

밖에서 인기척이 들려 나가 보니, 모처럼 이웃집의 어른께서 찾아오셨습니다. 신분은 비록 평민이었지만, 학식이 대단한 분이었습니다. 그분은 쇠돌이에게 격려의 말씀을 하셨습니다.

"쇠돌아, 참 잘 읽는구나. 언문(諺文)은 세종 대왕과 집현전의 학자들이 만드신 훌륭한 글이란다. 양반들은 천하다고 여겨 언문이라고 하지만, 언문의 언(諺) 자에는 원래 '보통 사람들이 널리 쓰는 편한 글'이라는 뜻이 있지. 지금은 비록 천대받는 글이지만, 미래에는 모든 사람들이 한문을 버리고 쉬운 언문을 쓰게 될 것이다. 알겠니?"

"예."

대답하는 쇠돌이의 눈은 더욱 빛났습니다.

언문일치 言文一致

〔言 말 언, 文 글 문, 一 하나 일, 致 이룰 치〕
말과(言) 글이(文) 하나가(一) 됨(致).

세종 임금께서 한글을 만든 목적을 말씀하실 때에 "우리 나라의 말은 중국의 경우와는 달리 문자와 서로 통하지 않기 때문……"이라고 했습니다. 여기서 문자란 바로 한문을 말하는 것입니다. 우리는 2000여 년 전부터 한문을 빌어다 썼지만, 우리말과는 전혀 달라서 쓰는 데 불편한 점이 많았습니다. 세종은 우리말을 그대로 표기할 수 있는 문자를 만들고 싶었던 것이니, 그 결과 훈민정음이 만들어진 것입니다.

한글은 우리말을 발음하는 그대로 표기할 수 있는 편리한 글입니다. 하지만 한글이 창제되자마자 바로 오늘날처럼 말과 글이 일치되었던 것은 아닙니다. 여전히 한문이 많이 쓰였고, 한글로 표기하더라도 한문투의 글을 섞어서 썼습니다. 그러나 서서히 말하는 그대로 표기하고자 하는 풍토가 조성되었습니다. 특히 개화기 이후에는 많은 작가, 학자들이 말하는 그대로 글을 쓰자는 운동을 폈습니다. 그 덕분에 이제 우리의 말과 글은 일치하게 되었습니다. 그러면 다음의 두 편지를 읽으면서 말(言)과 글(文)이 일치(一致)하는 글과 일치하지 않는 글을 비교해 보세요.

부모(父母)님 전상서(前上書)

맹하지절(孟夏之節)에 기체후(氣體候) 일양만강(一樣萬康)하시온지오. 불초소자(不肖小子) 슬하(膝下)를 떠나 대처(大處)에 기거(寄居)하면서 문안(問安)드리지 못함에, 항시(恒時) 송구(悚懼)스러움 금(禁)치 못하겠습니다. 항시(恒常) 가내(家內)에 두루 만복(萬福)이 충만(充滿)하고 화락(和樂)이 깃들이기를 기원(祈願)합니다.

한문투의 편지입니다. 점잖고 묵직하여 품위는 느껴지지만, 퍽 이해하기 어렵지요. 그러면 다음 편지를 읽어 보세요.

아버지 어머니 안녕하세요.
더운 여름에 건강은 어떠신가요? 부모님 곁을 떠나 서울에 살면서 자주 인사드리지 못해 죄송합니다. 할아버지 할머니께서도 안녕하시고, 철수도 잘 있지요? 저는 우리 가족이 늘 행복하기를 빈답니다.

언문일치의 편지입니다. 읽기 쉽지요. 말하는 그대로 썼기 때문입니다. 이처럼 언문(言文)이 일치(一致)되면 쉽게 읽고 쓸 수 있답니다. 우리는 그 동안 보다 읽기 쉽고, 쓰기 쉬운 한글을 보급하고자 노력했던 많은 분들의 수고에 감사해야 합니다.

언어유희 言語遊戱

〔言 말씀 언, 語 말씀 어, 遊 놀 유, 戱 놀 희〕
말이나 문자를(言語) 소재로 하여 노는 것(遊戱).

유(遊)는 놀다의 뜻입니다. 두루 돌아다니며 구경하는 유람(遊覽), 흥취 있게 노는 유흥(遊興), 또 유원지(遊園地), 야유회(野遊會) 등등이 예입니다. 희(戱)도 놀다의 뜻입니다. 사람이나 자연을 장난 삼아 놀리는 것을 희롱(戱弄)하다, 익살을 부려 웃기는

연극을 희극(戲劇) 등등이 예입니다. 그러므로 유희(遊戲)란 놀다
의 뜻입니다. 따라서 언어유희(言語遊戲)란 말이나 문자를(言語)
가지고 노는(遊戲) 것을 말합니다

친구들과 따분할 때 '끝말 잇기 놀이' 해 보았지요?

'학교 → 교실 → 실내화 → 화장실 → 실장 → 장난' 등등 이렇게
끝도 없이 나가는 놀이도 언어유희의 일종입니다.

다음 생략된 글자가 무엇인지 알아 맞춰 보세요.

쓰□기, □리□거, 다 □께, 참□ □시다.

□안에 '레', '분', '수', '함', '여', '합'이 들어가면 자연스런 문구
가 됩니다. 이런 것도 언어유희의 일종입니다.

'May I help you?'를 '5월에는 도와 드릴까요?'로 해석을 한다
든지, 'Can I help you?'를 '캔 따 드릴까요?'라고 재미있게 해석
을 하는 것도 언어유희입니다.

그러면 다음 글자는 무슨 자일까요?

丼　　車.

丼은 우물(井) 안에 돌(·)을 던지니까 '퐁당 퐁'이고, 車는 수레(車)가 위로(上) 아래로(下) 왔다갔다해서 '엘리베이터 차'입니다. 이렇게 장난 삼아 우스개 글자를 만들어 즐기는 것도 언어유희(문자유희)입니다.

이 뿐만이 아니라 한자(漢字)를 가지고 엉뚱하게 글자 풀이를 한다든지, 한자(漢字)의 음을 빌어서 우스운 시를 짓는다든지, 요즘 유행하는 가로 세로 퍼즐 형식의 낱말 맞추기 등도 모두 말을 가지고 놀이를 하는 언어유희의 일종입니다.

언 해 諺解

〔諺 상말 언, 解 풀 해〕
언문(諺), 즉 한글로 풀이함(解). 한문을 한글로 해석함.

언해(諺解)의 언(諺)은 언문이고, 해(解)는 쉽게 푸는 것이니, 언문이란 한글로 쉽게 번역하는 것입니다. 세종 대왕께서는 똑똑한 집현전의 학자들을 거느리고 한글을 만드셨는데, 어떻게 하면 이를 널리 보급할 수 있을까를 여러모로 생각하셨습니다. 궁리 끝에 어려운 한문책들을 언해하여 보급하기로 했습니다. 먼저 사람들이 가장 많이 보는 불경인 『능엄경』·『법화경』을 언해하셨고, 당시 우리 나라 사람들이 가장 많이 읽는 두보의 시를 언해하여 『두시언해』라는 책을 내놓았습니다. 또 학생들이 꼭 읽어야 하는 도덕 교과서인 『소학』을 언해하여 『소학언해』라고 이름지었습니다. 이렇게 언해된 책들은 쉽게 읽을 수 있기 때문에, 인기가 대단해서 널리 팔려 나갔습니다. 나중에는 지방에서도 언해 작업을 하였고, 의학·기술 서적 등, 다양한 분야에서 많은 책들을 언해하여 보급했습니다. 자연스럽게 한글은 널리 보급되게 되었습니다. 언해는 한글을 널리 보급시키는 데 참으로 훌륭한 역할을 하였습니다.

역설법 逆說法

〔逆 거꾸로 역, 說 말 설, 法 방법 법〕
말을(說) 뒤집어 거꾸로(逆) 함으로써 의미를 좀더 강조하는 방법(法).

먼저 역(逆) 자가 어떻게 쓰이는지 알아봅시다. 거슬러 흐르는 역류(逆流), 전세를 뒤집는 역전(逆戰), 거꾸로 가는 역행(逆行), 거꾸로 된 순서인 역순(逆順)에서 역(逆)은 모두 '거꾸로', '거슬러'라는 뜻으로 쓰이고 있군요. 그렇다면 역설(逆說)은 말을 거꾸로 하다 또는 거꾸로 말한다는 의미가 되겠습니다. 말을 뒤집어 거꾸로 하면, 겉으로 보기엔 진실에 어긋나는 것처럼 보이지만, 실제로는 그 의미가 보다 강해지는 효과를 얻습니다. 김소월님의 「진달래꽃」를 볼까요.

　　나 보기가 역겨워
　　가실 때에는
　　죽어도 아니 눈물 흘리오리다.

이별의 슬픔을 당하여 당연히 눈물을 펑펑 흘려야 하지만, '죽어도 아니 눈물 흘리오리다.'라고 함으로써, 오히려 몇 배로 더 진한 이별의 슬픔을 표현하고 있습니다. 이것이 바로 역설법의 묘한 맛입니다.

하나만 더, 음이 같은 것으로 역설(力說)이 있습니다만, 역(力) 자가 '힘'이란 뜻이니, 이 역설(力說)은 힘 주어 말하는 것입니다.

연표 年表

〔年 해 년, 表 표 표〕
역사적 사실을 연대의(年) 차례로 적은 표(表).

국사나 사회 교과서에서 아래와 같은 표를 본 적이 있을 것입니다. 바로 역사적인 사실을 연도별로 기록한 연표(年表)입니다.

연대	우리 나라	중국
500	576 신라 원화(源花 화랑도의 시초)제도 시작	589 수 중국 통일
600	598 고구려 수나라 1차 침입 격퇴 612 고구려 수나라 2차 침입 격퇴(살수대첩) 613 고구려 수나라 3차 침입 격퇴 618 고구려 수나라 4차 침입 격퇴	618 수 멸망, 당 건국

위 연표를 살펴보면 618년에 수나라는 고구려를 함락시키려다 오히려 고구려에 의해 크게 패한 뒤 멸망했다는 것을 알 수 있습니다. 그리고 당나라가 건국되었다는 것도 나타나 있습니다.

이렇게 역사를 연대별로 표를 만들면 같은 시기에 있었던 다른 나라의 일들을 함께 볼 수 있고, 한 나라의 왕, 훌륭한 인물, 사건 등을 순서대로 정리할 수 있는 장점이 있습니다.

열거법 列擧法

〔列 늘어놓을 열, 擧 들 거, 法 방법 법〕
내용상 관련이 있는 말들을 늘어놓아(列擧) 뜻을 강조하는 방법(法).

열거(列擧)란 '쭉 늘어놓는다'는 의미입니다. 그러면 다음 예문을 읽으면서 어떤 특징이 있는지 살펴보세요.

그는 참으로, 지도자의 본보기요, 민족혼의 화신이요, 애국자의 사표요, 자기를 수양하는 사람들의 거울이다.

훌륭하신 인물을 찬양하는 데는 한마디 말로써는 부족하기에, 찬양하는 데 알맞은 여러 말들을 들어서 찬양에 찬양을 더하고 있습니다. 이처럼 내용상에 있어서 관련된 말들을 쭉 늘어놓아 그 의미를 강조하는 방법을 열거법(列擧法)이라 하는 것이지요.

영탄법 詠歎法

〔詠 말을 길게 뽑을 영, 歎 탄식할 탄, 法 방법 법〕
말을 길게 뽑아(詠) 탄식하여(歎) 기쁨, 놀라움 등의 감정을 나타내는 방법(法).

여러분 영(詠) 자의 모양을 잘 보세요. '말'이라는 의미의 언(言)과 '길다'라는 의미의 영(永)이 합쳐진 글자입니다. 그래서 영(詠)은 말을 길게 뽑아 늘이듯이 하는 것인데, 흔히 '시를 읊조린다'는 의미로 많이 쓰입니다. 탄(歎) 자는 가슴속에 놀라움, 기쁨, 슬픔 등의 감정이 가득 찼을 때에 저절로 밖으로 터져 나오는 탄식을 의미합니다. 그러니까 영탄법(詠歎)은 가슴속의 감정을 그대로 드러내어 강조하는 표현법입니다. 다음을 읽어 보세요.

돌아설 듯 날아가며 사뿐히 접어 올린 외씨 버선이여!
<조지훈의 「승무」 중에서>

내 누님같이 생긴 꽃이여!
<서정주의 「국화 옆에서」 중에서>

이 두 시구는 모두 " ~ 이여!"로 끝을 맺어 영탄법을 쓴 경우입니다. 첫 구는 외씨 버선의 아름다움을 영탄한 것이고, 둘째 구는 꽃을 보고 영탄한 것입니다. 영탄법으로 표현된 시인의 놀라움, 기쁨, 슬픔 등의 감정은 독자를 더욱 감동시킨답니다.

예시 例示

〔例 예 예, 示 보일 시〕
쉽게 이해하도록 구체적인 예를(例) 들어 보임(示).

예시(例示)란 독자로 하여금 글을 쉽게 이해하도록 구체적인 예를(例) 들어 보이는 것(示)입니다.

중학교 3학년인 영희는 시를 좋아하는 문학 소녀입니다. 김소월, 김영랑, 김남주, 신동엽 등의 시를 좋아해서 그들의 시를 많이 외었습니다. 그런데 이번 학기부터는 한시에도 흥미를 갖게 되었습니다. 고리타분한 것으로만 알았던 한시를 새롭게 보게 된 것은 순전히 새로 오신 총각 한문 선생님 덕분입니다. 한문 선생님은 현대시를 잘 짓는 시인일 뿐 아니라, 영시도 많이 아십니다. 한시를 설명하실 때에는 우리를 시의 세계에 빠져들게 하십니다. 선생님은 어느 날 이렇게 말씀하셨습니다.

여러분, 모든 시는 다 통하는 것입니다. 영어로 지은 영시, 불어로 지은 불시, 또 한문으로 지은 한시이건 간에, 모두 인간의 공통적인 생각과 감정을 표현한 것이기 때문입니다. 우리가 수천 년 전 중국의 시집 『시경』을 읽고서 감동을 받는 것은, 그 때 사람들의 마음과 지금 우리의 마음이 서로 통하기 때문입니다. 남녀간의 사랑, 타향에서의 외로움, 군대간 남편을 그리는 아내의 심정, 과중한 노동의 고통, 수확의 기쁨 등은 시대와 지역을 떠나 모두 같이 느끼는 감정입니다. 여러분은 한시를 제대로 공부해 보지 않고서 공연히 어렵고 고리타분하게 여겨서는 안 됩니다. 고려의 시인 이제현의 시를 감상해 봄으로써 한시가 얼마나 좋은지 예를(例) 들어 보이겠습니다(示).

<임의 향기>

빨래하던 시냇가 버드나무 아래서,
그대와 손잡고 사랑을 나누었지.
처마 밑에 석 달간 장마비 내린들,
손가락 끝에 남은 그대의 향기
어찌 씻을 수 있나요.

품격을 잃지 않으면서도 임에 대한 사랑의 마음이 잘 드러나 있지요.

이 시를 감상하면서 영희는 선생님의 모습이 어느샌가 자기 마음에 깊이 자리하고 있음을 느꼈습니다.

용언 用言

〔用 쓸 용, 言 말 언〕
여러 가지로 바꿔 쓸 수 있는(用) 말(言).

체언 體言

〔體 몸 체, 言 말 언〕
몸, 중심이(體) 되는 말(言).

어간 語幹

〔語 말씀 어, 幹 줄기 간〕
용언의 활용에서 변하지 않는 부분.

어미 語尾

〔語 말씀 어, 尾 꼬리 미〕
용언의 활용에서 변하는 부분.

용언(用言)과 체언(體言)은 우리의 몸에 비유하여 생각하면 이해하기 쉽습니다. 몸에는 양팔과 양다리가 달려 있습니다. 몸뚱이(體)는 살아가는 데 중심이 되고, 팔·다리는 여러 활동을 하는 데 쓰이지요(用).

문장도 우리의 몸과 마찬가지로 몸뚱이(중심)가 되는 말인 체언(體言)과 활용되는 말인 용언(用言)이 있습니다. 예를 들어 봅시다.

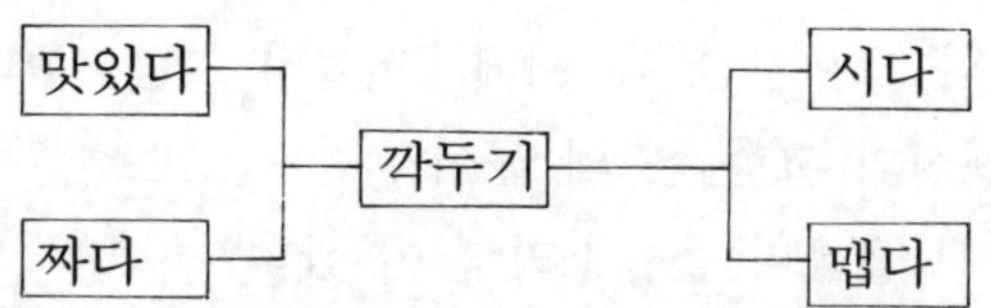

　'깍두기'를 '몸뚱이'라고 생각하면, 여기에 '맛있다, 짜다, 시다, 맵다'라는 말들은 팔, 다리라고 할 수 있습니다. 그래서 깍두기를 체언(體言), 맛을 표현하는 네 말은 용언(用言)이라고 합니다.

　체언은 명사, 대명사, 수사(數詞 일이나 물건의 셈을 나타내는 품사)가 할 수 있고, 용언은 동사, 형용사가 할 수 있습니다.

　용언에 대해 더 알아보죠.

　'맛있다'로 설명을 하겠습니다. '맛있다'는 '맛있게, 맛있는, 맛있어'로 활용이 됩니다. 그런데 여기서도 잘 보면 바뀌지 않는 부분과 바뀌는 부분이 있습니다. 바뀌지 않는 부분은 '맛있'이죠. 이것을 어간(語幹 말의 줄기)이라 하고, 바뀌는 부분은 '~다, ~게, ~는, ~어'이죠. 이것을 어미(語尾 말의 꼬리)라고 합니다.

우의　寓意

〔寓 붙일 우, 意 뜻 의〕
전하려는 뜻을(意) 말 속에 붙이는 것(寓).

　진국 : 병구야! 방귀 좀 그만 뀌. 여기가 아우슈비츠냐? 2차 대
　　　　전 때 독일군의 독가스에 희생당한 유태인의 괴로움을

이제 알겠다.

병구 : (화를 내며) 딴 자리로 가면 될 거 아냐?

진국 : 그런 말했다고 삐치긴. 너 어제 「전설의 고향」 봤냐?

병구 : 갑자기 「전설의 고향」은 왜 물어?.

진국 : 혹시 거기서 올빼미 울음소리 들어 봤니?

병구 : 그래. 소름이 끼치더라.

진국 : 옛날에 이런 이야기가 있었는데.

　　　어느 숲 속에 올빼미가 살았는데, 밤이 되면 매일 이 상한 소리로 우는 거야. 동네 새들은 매일 같이 "잠 좀 잡시다"하며 원망을 했어. 결국 올빼미도 미안하니까 다른 동네로 이사를 가려고 이삿짐을 싸고 있는데 비둘기가 나타나 "네 목소리를 고치지 않으면 딴 동네에 가도 마찬가지야."라고 말했대.

병구 : 맞아! 올빼미가 상당히 명청하다. 그런데 갑자기 그런 얘기를 왜 해? 어! 그러고 보니 내 얘기했잖아?

진국 : 그래 이 바보야. 자리를 옮긴다고 일이 해결되니? 약을 먹든지, 아침마다 냉수를 마시면 장이 좋아진다니까 그렇게 해 봐.

이 이야기에서 진국이는 병구에게 자신이 말하려는 뜻을(意) 올빼미와 비둘기 이야기에 붙여서(寓) 전했습니다.

우의(寓意)는 이처럼 상대방에게 자신의 뜻을 전달할 때 동물이나 물건을 이용하여 전하려는 뜻을 붙이는 효과적인 방법입니다.

이솝 우화는 우의적인 글로 대표적인 예가 될 수 있답니다.

▶ [우화 寓話], [동물담 動物談] 참조

우화 寓話

〔寓 붙일 우, 話 이야기 화〕
사람의 일을 동물이나 사물에 의탁하여(寓) 구성한 이야기(話).

어렸을 때 이솝 우화(寓話) 많이 들어 보았죠? 우화(寓話)라 하면 이솝을 떠올릴 정도로 우화(寓話)에서의 이솝의 역할은 큽니다. 우화에는 사람이 아닌 동물이나 사물이 주인공으로 등장해서 마치 사람인 것처럼 행동하고 말합니다. 우화란 이처럼 사람의 일을 동물이나 사물에 의탁하여(寓) 구성한 이야기(話)입니다.

그러면 왜 사람을 직접 주인공으로 하지 않고 동물 등을 의인화시켜 사람처럼 묘사할까요? 알다시피 동물들은 동물마다 특색이 있어 우리 사람들에게 뭔가 연상을 줍니다. 여우는 의심이 많으며 간사하다 하고, 소는 우직하지만 부지런하며, 돼지는 멍청하게 먹고 잘 줄만 안다고 말입니다. 그러니 이런 동물을 이용하여 사람들의 욕심 많은 행동이나 간사한 모습을 그려 내면 직접적으로 사람을 공격하지 않으면서도 금방 와 닿게 표현할 수 있다는 장점이 있답니다. 다음의 우화 한 편을 읽어 보고 이 우화에서는 무엇을 말하려는 것인지 생각해 보세요.

한번은 쥐떼들이 모여 회의를 하고 있었다. 이 날 회의 주제는 쥐의 천적인 고양이에 대한 것. 사회를 맡은 쥐가 말하였다.

"우리 쥐들은 우리 능력으로 얼마든지 생활이 나아질 수도 있습니다. 그런데 오로지 그 고양이 때문에 항상 두려움에 떨며 살 수밖에 없어요."

이 말에 한 쥐가 나오면서 말했다.

"한 가지 방법이 있어요. 고양이 목에다 방울만 달면 문제는

간단히 해결될 것 같습니다. '딸랑 딸랑' 방울 소리가 들리면 우리가 미리 알아서 피할 수가 있지 않겠어요?"

이 말에 모든 쥐들이 기뻐하면서 이제는 살았다고 환호하였다.

이 때 나이가 많고 늙은 쥐가 천천히 입을 떼었다.

"자네 말은 참 좋은 발상이긴 하지만 도대체 누가 나서서 고양이 목에 방울을 달 수 있단 말인가?"

이 쥐의 말에 모든 쥐들은 깜짝 놀라며 다시 난감해 하지 않을 수 없었다.

<송세림의 『어면순』 중에서>

이 글은 「고양이 목에 방울 달기」라는 우화입니다. 지금까지 고양이를 처치할 방법이 없어서 고민하였던 게 아니라, 감히 나

서서 방울을 달 수 있는 쥐가 없었던 것이 문제였던 것이죠. 이 우화는 말만 앞세우고 직접 실천하지 않는 사람을 빗대어 비꼬는 이야기랍니다.

▶ [동물담] 참조

운율 韻律

〔韻 운 운, 律 율 율〕
시의 가락(韻律).

내재율 內在律

〔內 안 내, 在 있을 재, 律 율 율〕
시의 안에(內) 숨겨져 있는(在) 음악적인 운율(律).

외재율 外在律

〔外 밖 외, 在 있을 재, 律 율 율〕
시의 밖으로(外) 드러나 있는(在) 음악적인 운율(律).

먼저 운율(韻律)이 무엇인지 알아볼까요.

운율이란 시에 있어서 일정한 음절 수나 소리의 높고 낮음, 길고 짧음, 강하고 약함 등이 규칙적으로 반복되면서 만들어 내는 음악적인 가락입니다.

한마디로 쉽게 말하면 시를 읽을 때 넣는 가락입니다. 시는 내용도 좋아야 하지만, 읽을 때 멋이 있어서 듣는 사람이 감동을 받아야 합니다. 때문에 일정한 가락, 즉 운율이 있어야 멋있게 읽을 수 있는 것이지요.

운율이 시의 밖으로 드러나 있느냐, 또는 안에 살짝 들어가 있느냐에 따라 내재율(內在律)과 외재율(外在律)로 나눕니다.

내재율(內在律)이란 겉으로 드러나지 않지만, 단어와 단어, 구절과 구절에서 살며시 반복되어 시를 멋지게 해주는, 숨어 있는 가락입니다. 얼른 보아서는 알 수 없고, 몇 번을 반복해서 읽어 보면 느껴지는 독특한 리듬이 있는데, 이것이 바로 내재율입니다.

그러면 다음 시를 여러 번 읽으면서 감상해 보세요.

바람이 부는 날의 풀잎들은
왜 저리 몸을 흔들까요.
소나기가 오는 날의 풀잎들은
왜 저리 또 몸을 통통거릴까요.

어때요? 뭔가 느껴지지요. 특히 받침으로 쓰인 'ㄹ'과 'ㅇ'이 자연스럽게 반복되면서 시의 감칠맛을 더해 주고 있습니다. 이런 것이 바로 내재율입니다.

외재율(外在律)이란 운율이 시의 표면에 드러나서 읽으면 바로 딱 알아볼 수 있는 것을 말합니다. 그러면 외재율을 지닌 시를 읽어 볼까요.

산 너머 남촌에는 누가 살길래,
해마다 봄바람이 남으로 오네.

7자, 5자의 음절 수로 지어진 7·5조의 멋진 시입니다. 자연스런 가락에 따라 읽을 수 있어 읽고 듣기에 모두 좋습니다.

이것이 바로 외재율입니다. 외재율을 외형률(外形律)이라고도 합니다.

육서 六書

〔六 여섯 육, 書 문자 서〕
한자를 만들고 활용하는 여섯 가지(六) 원리.

원시 시대에 인류가 사용한 말은 오늘날과는 매우 달랐습니다. 더구나 그 단어의 수도 매우 적은 숫자였지요. 그 이유는 아주 간단합니다. 그들의 문화라는 것이 자연과 더불어 사는 매우 단순한 생활이었기 때문입니다. 그들이 눈으로 보고 확인할 수 있는 것은 그들의 생활 환경에 직접 영향을 주는 자연물과 자연현상 그리고 그들이 만들어 낸 도구의 기능에 관한 말들이 고작이었을 겁니다. 그러나 인류는 조금씩 자기의 문화를 발전시켜 나갔습니다. 그것은 도구의 발달에 의해 가능한 것이었고, 따라서 그들의 말도 문화가 발전할수록 점점 많아졌습니다. 신석기 시대의 농경 정착 생활과 그 이후 역사 시대에 들어서면서 인류 문화에 있어서 언어의 확대와 도구의 발달이 가속되기 시작했습니다. 고대와 중세를 거치고 근대 그리고 현대에 이르러서는 과거 선사 시대의 문화적 수준과는 비교할 수 없을 정도로 엄청난 발달을 했습니다. 따라서 그 말도 비례해서 많아졌지요. 요컨대 인류의 진화는 말의 진화와 함께 하고 있습니다.

인류가 말을 가지고 그것을 바로 문자로 표현해야겠다는 생각을 처음부터 가진 것은 아니었습니다. 인류는 자신을 둘러싸고 있는 자연물을 끊임없이 얻어야 생존할 수 있었고, 잘 알 수는 없지만 재앙을 가져오는 자연현상에 대해 두려움을 갖고 있었지요. 그러한 상황으로부터 생존을 위해서는 서로간의 일정한 의사 소통의 필요성을 느끼게 되었습니다. 서로간에 먹을 것의 모양과 두려운 존재에 대해 대화하는 초보적인 단계에서 나타난 것이 바로 인류가 그림으로 사물의 모양(形 모양 형)을 본떠서(象 본뜰 상) 만든 최초의 문자, 상형 문자(象形文字 모양을 본떠서 만든 문자)인 것입니다. 처음에는 그림으로 시작된 상형 문자가 점차 간략하게 되어 문자로의 획기적인 전환을 이룬 것이지요. 이러한 과정에서 알 수 있듯이 동서양을 막론하고 인류가 최초로 만들어 냈던 문자의 형태는 상형 문자였을 것이며, 한자에 있어서도 상형 문자가 가장 최초의 글자를 만드는 원리로 사용되었던 것입니다. 이러한 상형 문자에는 日, 月, 山, 川, 馬 등이 있습니다.

상형 문자는 '사물의 모양'을 본뜬다는 점에서 문자 창조의 가장 쉬운 원리임에는 틀림이 없습니다. 그런데 시대를 거듭할수록 인류의 문명은 계속 발전해 가고 따라서 언어도 더욱 많은 단어가 요청되었습니다. 그래서 필요성에 의해 좀더 진보한 글자를 만드는 원리가 생기게 되었습니다. 사람들은 구체적인 모양은 없지만 추상적인 개념을 가진 단어가 필요했습니다. '위', '아래', '작다', '크다' 등의 것들을 표현하고자 하였습니다. 이것을 나타내는 문자가 바로 개념(事 일·개념 사)을 가리키는(指 가리킬 지) 문자라 하여 지사 문자 (指事文字 추상적인 개념을 가리키는 문자)라고 합니다. 이에는 上, 下, 大, 小 등이 있습니다.

지사 문자의 원리를 이용하는 방법 말고도 다른 방법이 만들어 졌는데, 뜻이 있는 두 개의 상형 문자 또는 상형 문자와 지사 문자 등 두 개 이상의 것을 모아 결합하여 하나의 단어를 만들어 내는 방식입니다. 한 사람(人)이 나무(木) 아래에서 쉬고 있는 모습을 연상해서 '쉬다'라는 뜻의 단어를 만들 때 두 개의 의미 있는 글자를 결합해서 쉰다는 개념의 '休(쉴 휴)' 자를 만들어 낸 것이지요. 이처럼 이미 정해진 뜻(意 뜻 의)이 있는 글자를 모아서(會 모을 회) 새로운 단어를 만들어 내는 원리를 회의 문자(會意

文字 이미 있는 글자의 뜻을 모아 만든 문자)라고 합니다.

이제 문명이 점점 발달하고 말이 많아지면서 사람들은 이전과는 다른 획기적인 방법으로 보다 많은 양의 새로운 글자를 만드는 원리를 발견하게 되었습니다. 바로 이미 존재하는 글자를 가지고 한쪽은 뜻(形), 다른 쪽은 음(音)을 가지는 글자를 만드는 것이지요.

예를 들어 물을 뜻하는 '水' 자가 물의 성질과 비슷한 것들을 상징하는 여러 글자에 사용되어 다양한 의미를 가지는 한자를 만들 수 있게 된 것입니다. 이것을 형성 문자(形聲文字 글자의 한쪽이 소리를 나타내고 한쪽이 뜻을 나타내는 문자)라고 합니다. 여기에는 江(강 강), 汎(뜰 범), 海(바다 해), 淸(맑을 청), 濁(흐릴 탁), 沫(거품 말), 油(기름 유), 汗(땀 한) 등이 있습니다. 우리가 쓰는 한자의 약 80%가 형성자로 이루어져 있습니다.

지금까지 한자를 새로 만드는 원리인 상형·지사·회의·형성 문자에 대해 살펴보았습니다. 이제 육서 중에서 이미 존재하는 한자를 활용하는 원리인 전주(轉注), 가차(假借) 문자에 대해 알아봅시다. 한자는 뜻을 나타내는 문자(表意文字)이기에 말이 많아질수록 글자도 증가하기 마련입니다. 그렇기 때문에 끊임없이 글자를 만들어 내고 있는 것이지요. 그러나 글자 수가 많아 불편한 점도 한두 가지가 아닙니다. 이러한 어려움을 다소나마 덜기 위하여 이미 만들어 놓은 글자를 활용하는 원리가 전주, 가차 문자입니다.

전주 문자(轉注文字 수레바퀴가 구르고 논에 댄 물이 흐르듯이 한자를 여러 가지 뜻으로 사용하는 원리)란 이미 만들어진 글자를 가지고 글자의 본뜻에서 유추하여 다른 뜻으로 확대하여 활용하는 원리입니다.

樂 음악(악) → 즐겁다(락) → 좋아하다(요)
說 말씀(설) → 기쁘다(열) → 달래다(세)
老 늙다(로) → 익숙하다(로)

가차 문자(假借文字 음이나 모양을 빌려 쓴 문자)란 글자의 원래 뜻과는 상관없이 음이나 모양이 유사한 글자를 다른 글자로 대신 사용하는 것을 말하는데, 주로 외국어를 표기할 때 씁니다.

<모양(形)을 빌린 경우>
아닐 弗 → 달러 弗(미국 돈 dollar 의 표시 기호)

<소리(音)를 빌린 경우>
Buddha → 佛陀(불타)
Coca cola → 可口可樂(크어 커우 크 어 ㄹ 러)
Pepsi cola → 百事可樂(빠이 쓰 크어 ㄹ 러)

이상에서 살펴 본 바와 같이 한자를 만들고 활용하는 원리인 육서는 인류가 살아온 역사 발달 과정과 밀접한 관계를 가지고 있는 것입니다.

율시 律詩

〔律 법률 률, 詩 시 시〕
한시의 시 형식 중 8행 시인 율시(律詩).

율시라는 명칭은 일정한 규율(律)에 의해 지어진 시(詩)이기 때문에 그렇게 부르게 된 것입니다.

근체시는 시의 행수에 따라 절구, 율시, 배율로 나누는데 절구의 두 배인 8행으로 된 시를 율시라고 부릅니다.

율시는 두 행씩 묶어서 한 연(聯)이라고 부르고 율시의 첫째 연(1, 2행)을 수연(首聯), 둘째 연(3, 4행)을 함연(頷聯)이라고 부르고, 셋째 연(5, 6행)을 경연(頸聯), 넷째 연(7, 8행)을 미연(尾聯)이라고 부르니, 이 용어들도 알아 두시는 것이 좋습니다.

일정한 규율에 의해 지어진 시가 율시라고 했지만, 사실 절구나 배율 역시 규칙에 의해 지어진 시들입니다. 그 규칙에는 압운법, 대구법, 평측법 등 여러 가지가 있습니다. 각 항목에서 찾아 참고하시기 바랍니다.

▶ [고시 古詩], [압운 押韻], [대구법 對句法] 참조

의성어 擬聲語

〔擬 본뜰 의, 聲 소리 성, 語 말 어〕
소리(聲)를 흉내 낸(擬) 말(語).

의태어 擬態語

〔擬 본뜰 의, 態 모습 태, 語 말 어〕
사물의 생긴 모양이나 태도(態)를 흉내 낸(擬) 말(語).

의(擬) 자에는 '모방한다, 흉내 낸다'는 의미가 있습니다. 그러니 의성어(擬聲語)란 소리를(聲) 흉내 내어(擬) 만든 말(語)입니다.

이런 의성어는 우리 주위에 많습니다. 바람소리를 흉내 낸 '솔솔', '쌩쌩'. 총소리를 흉내 낸 '탕탕', 개가 짖는 소리를 흉내 낸

'멍멍' 또는 '왈왈'. 그런데 똑같은 개의 소리를 미국에서는 '바우바우'라 하고 중국에서는 '왕왕'이라고 합니다. 개가 나라마다 다르게 짖지는 않을 텐데 사람이 흉내 내는 소리는 이렇게 다르답니다.

의태어(擬態語)의 태(態) 자는 '모습'이나 '태도'를 뜻합니다. 그러니까 의태어란 사람이나 사물의 동작과 태도(態)를 흉내 내는(擬) 말(語)입니다.

시골에 가면 포장되지 않은 좁다란 길이 '꼬불꼬불' 나 있고, 들에는 '얼룩덜룩'한 얼룩소가 한가로이 풀을 뜯고 있는 모습을 볼 수가 있습니다. 여기서 '꼬불꼬불'이나 '얼룩덜룩'은 모두 모습을 흉내 낸 의태어들입니다. '얼룩소'라는 이름도 털이 '얼룩덜룩' 하다고 해서 붙여진 이름입니다. 그러고 보니 의태어가 사물의 이름이 되는 경우도 있군요.

의인화 擬人化

〔擬 꾸밀 의, 人 사람 인, 化 될 화〕
짐승이나 사물을 마치 사람처럼(人) 꾸며서(擬) 말하고 행동하게 함(化).

아주 먼 옛날 그리스의 이솝이란 사람은, 짐승이나 사물을 사람처럼 말하고 행동하게 해서 이야기를 지었는데, 이것을 우리는 '이솝 우화'라고 합니다. 이솝의 우화에는 토끼와 거북이, 원숭이 등이 마치 사람처럼 말하고 행동합니다. 이처럼 짐승이나 사물을 마치 사람(人)처럼 꾸며서(擬) 말하고, 행동하고, 생각하게 하여 감정이나 인격이 있는 듯이 표현하는 것을 의인화(擬人化)라고 합니다.

이야기에서만이 아니라, 시나 노래에서도 의인화는 가능합니다. 노래 「메아리」의 가사를 읽어 봅시다.

산에 산에 산에는 산에 사는 메아리
언제나 찾아가서 외쳐 부르면
반가이 대답하는 산에 사는 메아리
벌거벗은 붉은 산엔 살 수 없어 갔다오.
산에 산에 산에다 나무를 심자.
산에 산에 산에다 옷을 입히자.
메아리가 살게 시리 나무를 심자.

이 노래를 보면 메아리를 마치 살아 있는 사람처럼 꾸며, '사는', '대답하는', '살게' 등으로 표현했습니다. 이런 것이 바로 의인화입니다.

▶ [우화 寓話], [우의 寓意] 참조

이두 吏讀

〔吏 관리 리, 讀 읽을 독·두〕
삼국 시대 관리(吏)들이 주로 쓰던 글.

향찰 鄕札

〔鄕 고향 향, 札 편지 찰〕
우리말의(鄕) 문장(札).

구결 口訣

〔口 입 구, 訣 이별할 결〕
'입 곁'을 한자로 옮긴 말.

우리 나라에서 한문을 사용하게 된 것은 삼국 시대 이전부터입니다. 그러나 한문은 우리말과 달라 많이 불편했습니다. 그래서 한문을 더 쉽게 사용할 수 없을까 많이 궁리했으니 이두, 구결, 향찰이 바로 그 노력의 결과입니다.

예를 들어 '공부하고 먹자'라는 말을 한문으로 옮기면 '工夫食'이라고 써야 하는데, 보는 사람 입장에서는 '공부할 때 먹자'라는 뜻인지, '공부하면 먹여 준다'인지 정확히 알 수 없었습니다. 그래서 工夫와 食 사이에 '하고'라는 말을 써야겠다고 생각했습니다. 그러나 한자에는 '하고'라는 뜻을 가진 글자가 없어 '하다 위(爲)'에서 '하'(뜻)를 따 오고 '고'는 '옛 고(古)'의 고(소리)를 따 오는 방법을 생각해 낸 것입니다. 그래서 '공부하고 먹자'라는 말은 '工夫爲古食'이라고 썼습니다. 그 후 다른 곳에서도 '하고'라는 표현을 쓸 일이 있을 때에는 '爲古'로 쓰자고 약속했습니다.

하나만 더해 볼까요? '~에게 당하여'에서 '당하여'를 이두로 표기하면 當(마땅할 당), 爲(하다 위)로 합니다. 이렇게 한자의 소리, 뜻을 빌어 오는 방법이 이두(吏讀)입니다. 이두의 방법으로 쓰인 말들은 명사, 대명사, 동사, 조사, 어미 등 광범위합니다.

이두라는 말은 고려 시대에 문서를 담당하는 하급 관리들이 많이 사용하였기 때문에, 이두(吏讀)의 이(吏)는 '관리'의 '리'에서 따 온 것입니다. 그러나 두(讀)의 유래는 알 수 없습니다. 또한 두(讀)는 보통 '읽을 독'이라고 하는데 여기서는 '두'로 읽어야 하기 때문에 주의해야 합니다.

나중에 이두는 구결로 변천되었습니다. 그렇다고 이두가 없어진 것은 아니고, 사용하기 편하도록 범위를 좁힌 것입니다. 즉, 구결은 조사에서만 사용됩니다. 예를 들어 '~가'는 '~可'로 한다든지, '~을'은 '~乙'로 표기합니다.

구결이라고 말하는 이유는 구결(口訣)의 '입 곁, 입 곁'을 그냥 한자로 옮긴 것인데, '곁'은 '곁'이란 의미로 '입으로 말할 때 곁에 그냥 끼워 넣은 것(조사)'이란 뜻에서 유래가 되었는데 흔히 '토'라고 합니다. 구결도 넓은 의미에서는 이두에 포함시켜 말합니다.

이외에 향찰(鄕札)이라는 것이 있습니다. 향찰의 향(鄕)은 '고향'이란 뜻으로 '우리 고유의 것'이라는 의미가 담겨 있습니다. 그래서 향찰은 우리말의 문장이라는 뜻입니다. 찰(札)은 '편지', 혹은 '작은 표'란 뜻으로 서찰(書札 편지), 명찰(名札) 등의 말에 쓰이지만 향찰이란 말에 쓰인 이유는 정확히 알 수 없습니다. 향찰은 이두와는 달리 우리말 전부를 한자의 음과 훈을 사용해서 표기한 것으로 향가(鄕歌)가 그렇게 되어 있습니다. 그래서 향가의 경우 향찰을 없애면 문장 전체가 없어지는 것과 같습니다. 그래서 이두와 향찰은 구분해야 한다는 사람도 있고, 향찰은 이두에 포함시켜야 한다는 사람도 있습니다.

이야기가 길어 복잡할까 봐 간단하게 정리했으니 참고하세요.

이두 : 한자의 소리와 뜻을 빌어 우리말을 부분적으로(조사, 어미,
　　　부사, 용언 등) 적던 방법. 관리들이 주로 쓴 표기법.
　　　예) 當爲 : 당하여, 他矣 : 남의, 吾隱 : 나는, 別爲 : 특별한
구결 : 한문 원문을 읽기 쉽게 하기 위해 한문 원문의 구절 사이
　　　에(조사, 어미) 끼워 넣은 방법. 약자도 사용한다.
　　　예) 當下余 : 당하여, 國之語音이 異乎中國하여, ～可 : ～
　　　　　가, ～乙 : ～을, ～矣 : ～의
향찰 : 사용 방법이 이두와 같으나 우리말의 전부(체언, 용언, 관
　　　형어, 부사어, 조사, 어미 등)를 바꾼다는 점에서 이두와 다
　　　르다. 향가의 표기법.
　　　예) 吾隱 去內如 辭叱都 : 나는 간단 말도

인과 因果

[因 인할 인, 果 결과 과]
어떠한 원인과(因) 그 원인으로 생기는 결과(果).

인과관계 因果關係

[關 빗장 관, 係 맬 계]
원인과(因) 그 원인에 따라 결과가(果) 생기는 관계(關係).

　인과(因果)란 어떠한 사건이 일어나게 되는 원인(因)과 그 원
인 때문에 필연적으로 생기게 되는 결과(果)를 말합니다. 인과관
계(因果關係)란 그러한 원인과 결과가 생기게 되는 관계(關係)이
구요. 그럼 다음의 예를 보면서 두 예문의 다른 점은 무엇인지 생
각하여 봅시다.

┌─보기 1─────────────────┐
* 콩 심은 데 콩 나고, 팥 심은 데 팥 난다.
* 아니 땐 굴뚝에 연기 나랴?
└────────────────────────┘

┌─보기 2─────────────────┐
* 까마귀 날자 배 떨어진다.
* 아침에 까치가 울면 반가운 손님이 온다.
└────────────────────────┘

보기 1은 원인이 있고, 그 때문에 일어나는 결과가 있습니다. 콩이 나는 원인은 콩을 심었기 때문이고, 굴뚝에서 연기가 나는 원인은 불을 때었기 때문입니다. 인과관계가 분명합니다.

그러나 보기 2에서 까마귀가 날자 배가 떨어지는 것은 우연일 뿐입니다. 배가 떨어지는 원인은 배가 다 익었거나 아니면 바람이 불었기 때문이지요. 또 까치가 울면 반가운 손님이 오는 것도 우연의 일치일 뿐입니다. 까치가 울었기 때문에 반가운 손님이 온다는 것은 말이 안 되지요. 이 경우는 인과관계가 아닙니다.

이렇게 우리가 '~하기 때문에 ~하다'라고 말할 수 있는 것을 인과(因果)라고 하고, 그 관계를 인과관계(因果關係)라고 합니다.

인용 引用

〔引 끌어당길 인, 用 쓸 용〕
다른 사람의 말, 고사성어, 격언 등을 끌어다가(引) 씀(用).

우리 동네엔 비디오 가게가 많이 있습니다. 그중에 '자꾸봐' 비디오 가게와 '또와봐' 비디오 가게는 바로 옆에 붙어 있습니다. 그런데 두 가게가 치열하게 경쟁하기 벌이더니, 어느 날 '자꾸봐'의 주인이 비디오 빌리는 가격을 1,000원으로 내렸습니다. 그러자 '또와봐'의 주인이 500원으로 내렸습니다. 다시 '자꾸봐'가 300원, '또와봐'는 100원까지 내렸습니다. 싼 맛에 손님들은 많이 왔지만 양쪽 다 손해만 보았습니다. 자꾸봐 주인이 이래선 안 되겠다 싶어 또와봐 주인에게 다른 집들만 이익이니 그만 하자고 했습니다. 그러나 또와봐 주인은 자꾸봐 주인이 망할 때까지 버텨 보겠다는 속셈으로 들어 주지 않았습니다. 그러자 자꾸봐 주인은 자기 말을 정확하게 이해시키려고 어부지리(漁父之利)라는 고사성어를 끌어다(引) 써서(用) 설명했습니다.

옛날에 이런 이야기가 있었다네. 바닷가에 커다란 조개가 속살을 드러낸 채 햇볕을 쪼이고 있었지. 마침 도요새가 와서 조개의 살을 쪼아먹으려 했어. 그러자 조개가 껍질을 닫아 도요새의 부리를 물었더니 도요새가 조개에게
"오늘내일 비가 안 오면 너는 말라 죽으니 껍질을 열어."
이번에는 조개가 도요새에게
"오늘내일 계속 부리를 빼지 못하면 너는 굶어 죽게 되니 부리를 놔."
하면서 서로 양보하지 않고 버티었다네. 그러다가 마침 그곳을 지나가던 어부에게 모두 잡혀 버렸지.

또와봐 주인은 그때서야 자꾸봐 주인의 말을 믿고 악수한 후 화해했습니다. 이렇게 고사성어, 속담, 격언 등 적절한 말을 인용하여 말하거나, 글을 쓰면 주장을 효과적으로 펼 수 있습니다.

인칭 人稱

〔人 사람 인, 稱 일컬을 칭〕
사람의(人) 이름 대신 일컫는 말(稱).

한례와 말례가 똘똘이에 대하여 이야기하고 있습니다.

한례 : 얘, 말례야. 어제 똘똘이가 나에게 서울 랜드에 가자고
　　　하더라.
말례 : 어머! 그러니. 나는 벌써 지난 주에 똘똘이와 함께 다녀
　　　왔는데.

이 예문에서 한례의 입장에서는 한례 자신이 1인칭이고, 말례
는 2인칭, 똘똘이는 3인칭입니다.
이렇게 말하는 자기 자신을 1인칭이라고 하고, 자신과 직접적
으로 이야기를 하는 상대는 2인칭이 됩니다. 그리고 나도 아니고,
너도 아닌 제 3자, 즉 이야기의 대상이 되는 사람을 바로 3인칭이
라고 합니다.

일화 逸話

〔逸 빠질 일, 話 이야기 화〕
세상에 그리 널리 알려져 있지 않은 숨은(逸) 이야기(話).

세상 사람들로부터 추앙 받던 유명한 사람들일수록 갖가지 숨
겨진 이야기나 기이한 이야기가 많은 법입니다. 옛날부터 사람이
죽고 나면 그 사람의 살아 생전의 업적을 기려 행장을 짓거나 전

기를 써서 후대에 전하곤 하였는데, 어떤 이야기는 신빙성이 없
다 하여 정식 전기에 실려 있지 않고 죽은 뒤에나 사람들의 입에
오르내리면서 전해져 오기 마련입니다. 이런 이야기를 일화(逸
話)라고 합니다. 일화(逸話)는 짤막하면서도 순간적인 감동과 웃
음을 준다는 특징이 있습니다. 다음의 일화를 읽어 보세요.

조선 시대 정승이었던 홍서봉의 어머니는 홍서봉이 정승이
되기 전, 매우 어려운 살림을 하고 있었다. 심지어는 하루 세
끼 끼니도 제대로 잇기 어려울 때가 많았다. 하루는 집안에 제
사가 있어 준비했던 돈으로 종에게 고기를 사 오게 하였더니
여름날이어서 고기가 상한 빛이 역력했다. 홍서봉 어머니는 심
부름 갔다 온 종에게 물었다.
"고깃간에서 팔고 있던 고기가 아직도 많이 남아 있던가?"

“예, 한 20여 근은 되어 보입디다.”

홍서봉 어머니는 잠시 생각하더니 간직해 두었던 비녀를 팔아 그것으로 남아 있던 고기를 다 사다가 담 밑에 묻도록 하였다. 혹시나 다른 사람이 사다 먹고 탈이 날까 봐 염려하는 깊은 마음에서였던 것이다. 이처럼 훌륭한 정승의 뒤에는 훌륭한 어머니가 있었던 것이다.

▶ [소화] 참조

ㅈ

자립명사 自立名詞

〔自 스스로 자, 立 설 립, 名 이름 명, 詞 말 사〕
다른 말의 도움 없이 자립적으로(自立) 쓰이는 명사(名詞).

의존명사 依存名詞

〔依 기델 의, 存 있을 존, 名 이름 명, 詞 말 사〕
다른 말에 의존해야만(依存) 의미를 갖는 명사(名詞).

삼룡이와 주일이는 같은 나이지만 생활 태도는 전혀 다릅니다. 삼룡이는 언제나 모든 일을 자립적으로 합니다. 그러나 주일이는 아침에 일어나서부터 잘 때까지 늘 주변 사람들에게 의존합니다.

명사에도 삼룡이가 모든 것을 제 힘으로 하듯이 자립하는 자립명사(自立名詞)가 있는가 하면, 주일이가 남에게 의존하듯이 다른 말에 의존하는 의존명사(依存名詞)가 있습니다. 의존명사는 대개 한 글자로 되어 있습니다. 예를 들어서

'할 수 있다'의 '수'
'볼 것이 있다'의 '것'
'할 줄 안다'의 '줄'
'말하는 바를 이해하다'의 '바'

등이 바로 의존명사입니다. '수', '것', '줄', '바' 등은 모두 앞의 말에 의존해야만 제 기능을 발휘하지요. 자립명사는 다른 말의 도움이 없이도 제 스스로 의미를 갖습니다. 꽃, 나무, 학교, 집, 철수, 영희, 아버지, 어머니 등 우리가 쓰는 대부분의 명사는 바로 자립명사입니다.

작자미상 作者未詳

〔作 지을 작, 者 사람 자, 未 아닐 미, 詳 자세할 상〕
작자가(作者) 자세히(詳) 드러나 있지 않음(未).

현대를 사는 우리들이 오래된 고전 작품을 통하여 수많은 지식
과 정감 어린 감동을 느낄 수 있는 것은 문자라는 표기 수단이
있었기 때문이지요.

그러니까 문자의 발견이야말로 인간이 문명인으로 성장하게
된 가장 큰 사건이라고 할 수 있습니다.

그런데 세월의 기나긴 흐름이 되풀이되면서 애초에 글을 쓴 사
람이 누구인지 잘 알 수 없게 된 작품들이 생겨났습니다.

이른바 작자 미상인 작품들로서 작자의 성명은 몰라도 사람들
에게 잊혀지지 않고 남아 입에서 입으로 전해진 것들이지요.

바람 불으소서
비 올 바람 불으소서.
가랑비 그치고
굵은 비 들으소서.
한 길이 바다 되어
님 못 가게 하소서.

작자가 알려지지 않은 위 시는 임과 이별해야 하는 안타까운
현실 속에서 하늘의 힘을 빌어서라도 임을 붙잡아 두고 싶어 하
는 지은이의 진솔한 표현이 담겨져 있습니다. 이와 같이 작자가
드러나 있지 않은(未詳) 작품은 왠지 읽는 이로 하여금 더더욱
애절한 느낌을 갖게 합니다.

전 傳

〔傳 전기 전〕
어떤 사람의 생을 기록하여 후세에 전하려는(傳) 글. 전기.

가전 假傳

〔假 빌릴 가, 傳 전기 전〕
사물을 사람처럼 꾸며서 전처럼 지은 거짓(假) 전(傳).

열전 列傳

〔列 늘어놓을 열, 傳 전기 전〕
여러 개의 전들을 늘어놓은 듯이(列) 엮은 형식으로 된 전(傳).

자전 自傳

〔自 스스로 자, 傳 전기 전〕
자신이(自) 직접 지은(敍) 전(傳). 자서전.

평전 評傳

〔評 평할 평, 傳 전기 전〕
평을(評) 겸한 전(傳).

전(傳)이란 어떤 사람의 일생을 기록하여 후세에 전하려는 글이지요. 그러면 시험 삼아 조선 중종 때의 명기 황진이의 전을 지어 봅시다. 우선 그녀의 일생에서 특징적인 몇 가지 행적을 찾아야 합니다. 예를 들어 그녀가 어렸을 때부터 총명하고 아름다워서 한 동네의 총각이 상사병에 걸려 죽었고, 이 때문에 기생이 되기를 결심한 일. 또 당시 살아 있는 부처라고 여겨졌던 지족선사를 꼬셔서 파계시킨 일. 또 화담 서경덕 선생을 꼬시려다가 그분의 인격에 감동되어 평생을 스승으로 모셨던 일. 또 화담 선생에게 말하기를 송도의 세 가지 빼어난 것(송도삼절 松都三絶)은 박연폭포와 화담 선생과 자신 황진이라고 평했던 일들이 주목할 만하군요. 이런 몇 가지 일들을 차례대로 조화 있게 기록하여 그녀의 성격과 재능, 인물됨을 잘 드러내 주고, 끝에 지은이의 간단한 평을 붙여 주면 하나의 전이 됩니다.

여러분도 지을 수 있겠지요. 여러분들이 존경하는 선생님이나 주변의 어른들, 훌륭한 친구들의 행적을 관심 있게 살펴서 전을 지어 보세요. 다 지은 후에 그 사람의 이름이나 별명에다가 전(傳)이라고 붙이면 됩니다. 이름이 서태지라면 '서태지전'이라고 붙이고, 별명이 똘똘이라면 '똘똘이전'이라고 붙이면 됩니다. 오늘날은 흔히 전기(傳記), 또는 전기문(傳記文)이라고 하는데, 대개 옛날의 전보다 내용도 많아지고 길이도 길어졌습니다.

가전(假傳)도 전의 일종이지만, 조금 변형된 형태이지요. 가(假) 자에 '빌리다' 또는 '거짓'의 의미가 있으니, 가전이란 전의 형식을 빌린 '거짓 전'입니다. 이해를 돕기 위해 「감자 선생전」이란 제목으로 가전을 지어 보겠습니다.

감자 선생의 성은 감이고 이름은 자이다. 친구인 고구마 씨가 그 별명을 지어 '포테이토 씨'라고 불렀다. 그의 조상은 원래 아메리카에서 살았는데, 수백 년 전에 배를 타고 유럽 땅으로 갔다. 그 곳 사람들이 피부가 희고 머리가 노래서 처음에는 서먹했으나, 차차 어울려 아주 친해졌다. 숫자가 늘고 여유가 생기자 그중의 일부가 동으로 떠나, 중국에 닿아 그 곳에 살았다. 그 후손 중에 일부가 한반도로 이주하였는데, 온난하여 살기 좋은 데다가, 사람들이 부지런하여 땅을 깊이 갈아 주니 발을 편하게 뻗고 잘 자랄 수 있었다.

　감자 선생은 어릴 때부터 단단하고 야무져 주위의 사랑을 받으며 성장했다. 이웃에는 조상 때에 아메리카에서 같이 이주해 온 고구마 씨나 옥수수 씨, 고추 씨 가족들이 살았는데 사이 좋게 지냈다. 어느 날 감자 선생이 고추 씨의 집을 찾았다. 고추 씨는 아들만 열을 두었는데 하나같이 쭉쭉 늘씬하였고, 혈색도 붉은 것이 보기에 좋았다. 그런데 셋째만이 체구가 작아서 고추 씨 내외가 늘 걱정하였다. 술 몇 잔을 들이킨 고추 씨는 얼굴이 더욱 빨개져서, "아들 아홉은 다 멀쩡한데, 셋째 녀석이 작아서 걱정이야."하였다. 감자 선생은 "이 사람아, 작아도 고추는 고추라네. 원래 작은 고추가 더 매운 법이 아닌가? 키만 껑충 크고 싱거운 것보다는 작지만 맵고 다부진 것이 더 좋다네. 걱정하지 말아."하고 위로하였다. 이 말에 고추 씨 내외는 어느 정도 안심하는 듯하였다. 감자 선생은 이처럼 이웃들을 사랑하며 지내니, 친구들도 좋아하고 젊은이들도 존경하였다. 감자 선생은 그 후 한 달을 더 살다가 죽으니, 그 때 나이 두 살이었다. 지금도 그 땅에는 그의 후손들이 많이 살고 있다.

　아! 감자 선생의 삶은 참으로 훌륭하여 위로는 훌륭한 조상들을 섬겼고, 이웃과 후손들에게 귀감이 되었도다. 어떤 사람은 그가 키가 작고 너무 동글동글하게 생겼다고 비웃었지만, 어리석도다. 어찌 외모만을 가지고 평하겠는가. 이제 그가 세상을 떠난 지 10년이 되었지만 그의 훌륭함은 오래도록 기억될 것이다.

잘 읽었습니까? 이 글은 감자를 마치 사람처럼 꾸며서 전을 지어 본 것입니다. 전(傳)이란 본래 사람의 일생의 행적을 기록한 글이라고 했으니, 이 글은 진짜 전이 아니고 전의 형식을 빈 '가짜 전'입니다. 바로 가전(假傳)이지요. 가전이란 이처럼 사물을 사람처럼 꾸며서 그 일생을 기록한 글을 말합니다. 우리 나라에는 고려 시대에 가전이 많이 지어졌습니다. 예를 들면, 술을 사람처럼 꾸며서 「국순전」을 지었고, 지팡이를 꾸며서 「정시자전」을 지었고, 여름에 시원하도록 안고 자는 죽부인을 사람처럼 꾸며서 「죽부인전」을 지었습니다. 가전 작품은 후에 소설로 발전하였는데, 이런 소설을 가전체 소설이라고 합니다.

그러면 열전(列傳)이란 무엇일까요? 여러분은 한나라 때의 역사가 사마천을 기억해야 합니다. 왜냐하면 열전은 사마천의 『사기』에서 비롯되었으니까요. 사마천은 당시의 황제였던 한무제에게 미움을 사서 그만 불알을 거세하는 궁형을 당하고 말았습니다. 얼마나 억울하고 창피했는지 여러 해를 집에서 나오지 못하고 괴롭게 지냈습니다. 자살할 마음도 먹었지요. 그러나 그는 아버지의 유언을 생각했습니다. 아버지께서 유언하시기를 "우리는 대대로 역사 기록을 담당해 온 자랑스런 집안이다. 나는 오래 전부터 방대한 역사책을 지으려 했으나 끝내 뜻을 이루지 못하고 죽는구나. 네가 나를 이어서 훌륭한 역사책을 지어 다오."하셨습니다. "그래, 결심했어. 이제부터 내가 할 일은 후세에 길이 남을 역사책을 짓는 거야." 사마천은 마음을 굳게 먹고 역사책을 짓는 데 온 힘을 쏟았습니다. 그 자료만도 집 몇 채를 가득 채울 정도였지요. 오랜 노력의 결과 드디어 역사책을 완성했으니, 그것이 바로 『사기』입니다. 『사기』는 크게 '본기'와 '열전'으로 구성되었는데, 특히 '열전'이 재미있습니다.

열전은 황제나 왕이 아닌 사람들, 즉 장군, 관리, 상인, 무사 등의 행적을 실감나게 기록한 전입니다. 열(列) 자는 '늘어놓다'라는 의미이니, 열전도 전은 전이로되, 한 사람만의 전이 아니라 여러 사람의 전을 늘어놓은 듯이(列) 엮어 놓은 것입니다. 『삼국사기』의 「열전」에서 「김유신전」·「을지문덕전」·「온달전」·「박제상전」·「효녀 지은전」 등을 차례대로 엮어 놓은 것과 마찬가지입니다. 열전은 이처럼 여러 개의 전을 나란히 늘어놓은 형식임을 알겠죠?

자전(自傳)을 알아봅시다. 자전으로는 중국 진(晉)나라 도연명의 「오류 선생전」이 유명합니다. 그 서두는 이렇게 시작됩니다.

> 선생은 어떤 사람인지 알 수 없다. 다만 그의 집 주위에 다섯(五) 그루의 버드나무(柳)가 있기 때문에, 오류 선생이라고 부르게 되었다. 평소 말수가 적어 조용하고, 독서를 좋아하지만 지나치게 파고들지는 않는다.

이 글도 역시 전은 전입니다. 그런데 특이한 점은 전이란 원래 자신이 아닌 남이 지어 주는 것인데, 이것은 도연명 자신이 자신에 대해 기록한 전이라는 것입니다. 이런 것을 바로 자전(自傳)이라고 합니다. 도연명은 자신에 대해 기록하면서도 '선생은 어떤 사람인지 알 수 없다.'고 모르는 척 시치미를 뗐습니다. 자전은 그 내용이 심각하지 않아서, 가볍고 재미있게 읽을 수 있으면서도, 자신을 남에게 제대로 알려 주는 효과를 갖고 있습니다. 오늘날은 흔히 자서전(自敍傳 자신이 스스로 지은 전)이라고 하는데 역시 자신의 행적을 세상에 널리 알리려는 데 그 목적이 있습니다.

평전(評傳)을 알아봅시다. 평전은 말 그대로 평(評)을 겸한 전(傳)입니다. 옳고 그르고, 잘하고 잘못하고를 따지는 것이 평이니,

평전 역시 전은 전이로되, 인물에 대한 평이 많이 들어간 전입니다. 때문에 지은이의 생각과 주장이 많이 들어 있는 전입니다.

여러분에게 「전태일 평전」을 소개합니다. 전태일은 가난하여 어릴 적부터 돈을 벌어야 했는데, 그가 일했던 곳은 평화 시장 옛 건물이었습니다. 작업장은 다락방이라서 허리도 펼 수 없고, 어둡고 지저분한 곳이었습니다. 그 곳에서는 여러분 또래의 여직공들이 하루 열서너 시간씩 재봉틀을 돌리며 일을 했습니다. 그들이 받는 월급은 숙식비와 교통비를 제하면 바닥이 날 정도였습니다. 그러나 그 돈을 아껴 쓰며 동생들의 학비를 대고, 고향에 부치기도 하였습니다. 이것이 바로 1960년대와 70년대의 공장 여성 노동자들의 모습입니다. 당시 우리 나라의 경제 발전은 바로 그녀들의 손에 의한 것이었다고 해도 지나친 말이 아닙니다. 전태일은 나쁜 노동 조건을 고쳐야겠다고 생각했습니다. 뜻이 맞는 동료들과 같이 모여 노동법을 공부하면서, 사장들에게 나쁜 조건을 고쳐 주도록 요구했습니다. 그러나 노동 조건은 전혀 개선되지 않았습니다. 전태일은 그런 현실이 답답하기만 하였고, 자기 한 몸을 불태우더라도 동료들이 보다 좋은 조건에서 일할 수 있다면 후회가 없으리라 생각했습니다. 드디어 그는 온몸에 기름을 뿌리고 죽어 갔습니다.

전태일의 죽음은 전국에 커다란 충격을 주었습니다. 정부나 회사의 경영자들도 노동 조건 개선에 어느 정도 관심을 갖게 되었고, 근로자들도 정당한 권익을 찾으려 노력했습니다. 전태일의 죽음이 노동 운동의 촉진제가 된 것입니다. 현재 우리 나라 노동자의 노동 조건이 많이 좋아진 것은 바로 전태일과 같은 분들의 희생 때문입니다. 여러분은 「전태일 평전」을 통해 세상의 또 다른 면을 볼 수 있을 것입니다.

　평전을 보면 인물의 행적을 기록하는 것은 물론이요, 그 인물의 행적과 사상이 지닌 의미와 동시대 및 후대에 미친 영향까지도 깊이 있고 폭넓게 기술한 것을 볼 수 있습니다. 또한 평전을 지은 사람이 자신의 생각과 주장을 많이 집어넣기도 합니다. 이것이 바로 평전과 일반 전(傳)의 차이입니다.

전서 篆書

〔篆 전서 전, 書 글씨 서〕

예서 隷書

〔隷 예서·하급관리 예〕

초서 草書

〔草 풀 초〕

해서 楷書

〔楷 본보기 해〕

행서 行書

〔行 다닐 행〕

　위 다섯 가지 글씨체는 시대에 따라 변해 왔습니다. 변한 순서는 사람들마다 주장하는 내용이 다릅니다. 다음 설명은 그중에 타당하다고 여겨지는 주장입니다.

　가장 오래 전에 만들어진 글씨는 전서(篆書)입니다. 전서는 지금의 글자처럼 틀을 갖추지는 못하고 사물의 모양을 본떠 그림처럼 보입니다. 쓴다기보다는 거의 그린다는 표현이 더 어울릴 것입니다.

그런데 왜 전서(篆書)라고 했는지는 지금으로서는 정확히 알 수 없는데, 여러분은 '전서는 가장 오래된 글씨'라고 알아두세요.

전서는 글자의 뜻이 사물의 모양과 많이 닮았기 때문에 알아보기는 쉬웠지만 쓰기엔 아주 불편했습니다. 특히 문서를 작성해야 하는 하급관리(隷)들은 좀더 간편하게 쓰길 원하다 보니 구불구불하고 쓰기 힘들던 획을 곧게 고쳤습니다. 또 빨리 써서 보관해야 할 필요성이 있기 때문에, 획의 굵기도 붓 가는 대로 편하게 굵었다 가늘었다 하는 글씨체로 만들었으니 이것이 바로 예서(隷書)입니다. 예(隷) 자에는 하급관리라는 뜻이 있답니다.

그러나 욕심이 더 생겼습니다. 더 간단하고 빠르게. 그런데 너무 간단하게 줄이고 빨리 갈겨쓰다 보니 보통 사람들이 잘 알아볼 수 없는 풀잎처럼(草) 생긴 초서(草書)를 만들었습니다.

이 글씨체는 다른 사람이 알아보기 힘들었기 때문에 널리 쓰이지 않게 되었습니다. 사람들은 다시 예전에 썼던 예서를 바탕으로 많은 사람들의 본보기(楷)가 되는 글씨체를 만들어야겠다 생각하고 반듯하고 깨끗한 글씨를 만들었으니, 지금도 우리가 가장 흔히 보는 글씨인 해서(楷書)입니다.

인간의 욕심이 끝이 있을까요?

해서도 글을 빨리 써야 하는 사람들은 불편했습니다. 그렇다고 다시 초서를 쓸 수도 없어 결국 초서와 해서를 섞어서 사용하기로 마음먹었습니다. 글자 모양은 알 수 있게 하면서 갈겨써서 빨리 쓸 수 있는 행서(行書)라는 것을 만들었습니다. 행서는 구름이 지나가듯(行) 물이 흘러가듯이(行) 쓴다고 하여 행서라고 합니다.

전원시 田園詩

〔田 밭 전, 園 동산 원, 詩 시 시〕
전원의(田園) 경치와 생활을 소재로 쓴 시(詩).

다음 시를 읽어 봅시다.

산비탈 넌지시 타고 내려오면,
양지밭에 흰 염소 한가히 풀 뜯고
길 솟는 옥수수밭에 해는 저물어 저물어,
먼 바다 물소리 구슬피 들려오는
아무도 살지 않는 그 먼 나라를 알으십니까?
<신석정의 「그 먼 나라를 알으십니까?」 중에서>

무척 한가롭게 느껴지지요? 우선, 이 시의 소재들을 한번 살펴봅시다. 산비탈, 밭, 염소, 옥수수밭, 바다 등 자연을 소재로 하였습니다. 푸른 풀밭에서 목동이 느긋한 마음으로 여유 있게 노래하는 것 같은 분위기가 느껴지지요. 이렇게 자연을 소재로 자연을 사랑하는 심정을 아름답게 표현한 시를 전원시(田園詩)라고 합니다. 여기서 전원이란 밭과 동산이라는 뜻으로써 자연을 대표하는 것입니다. 또한 이 시처럼 자연 속에서의 한가로운 분위기를 전원적 분위기(田園的 雰圍氣)라고 합니다.

전원시인(田園詩人)이란 이러한 목가적인 풍의 시들을 주로 쓰는 시인입니다. 전원시인(田園詩人)으로는 시 세계가 조금씩 다르기는 하지만 김상용(金尙鎔), 신석정(辛夕汀), 김동명(金東鳴) 등이 있습니다.

▶ [목가 牧歌] 참조

절구 絶句

〔絶 끊을 절, 句 구절 구〕
한시의 시 형식 중 4행 시인 절구(絶句).

절구(絶句)는 4행으로 이루어진 한시로서 근체시의 한 종류입니다. 근체시는 절구, 율시, 배율로 구분되며 엄격한 규칙이 있습니다.

절구(絶句)라는 이름은 8구로 이루어진 율시의 구절을(句) 반으로 잘라서(絶) 이루어진 시라고 해서 절구라고 부른다는 학설도 있고, 또 절대적(絶對的)으로 형식에 맞추어 지어야 하기 때문에 절구라고 부른다는 학설도 있습니다.

절구에는 한 구가 5자이고 모두 4구로 된 오언절구(五言絶句)와 7자, 4구로 된 칠언절구(七言絶句)가 있습니다. 절구는 시상의 전개에 따라 기승전결로 나눕니다.

다음 시는 신라 사람으로서 당나라에 유학하여 당나라에서도 이름을 떨친 최치원이 고국을 그리며 지은 추야우중(秋夜雨中 가을밤 빗소리 들으며)이라는 제목의 한시입니다.

한 구가 5자이고 모두 4구이니까 오언절구가 되겠죠.

秋風惟苦吟	가을바람에 괴로이 읊조리나
世路少知音	세상엔 나를 알아 줄 이 적구나.
窓外三更雨	창 밖엔 삼경에 비 내리고
燈前萬里心	등불 앞에 내 마음 만리를 달리네.

다음은 고려 전기의 최고 시인 정지상의 송인(送人 임을 보내며)이라는 시를 감상하겠습니다. 7자, 4구로 된 칠언절구입니다.

雨歇長堤草色多　　비 개인 긴 언덕에 풀색은 짙어 가고
送君南浦動悲歌　　님 떠나 보내는 남포엔
　　　　　　　　　슬픈 노래가 울리는구나.
大同江水何時盡　　대동강 물이 언제 마르리요
別淚年年添綠波　　이별의 눈물이 해마다
　　　　　　　　　푸른 물결에 더해지는 것을.

▶ [기승전결 起承轉結] 참조

점층법 漸層法

〔漸 점차 점, 層 층계 층, 法 법 법〕
문장의 뜻을 점차(漸) 층계를 올라가듯이(層) 강하게 하는 표현법(法).

점강법 漸降法

〔漸 점차 점, 降 내릴 강, 法 법 법〕
힘찬 표현으로부터 점차(漸) 약하게 하여(降) 뜻을 강조하는 표현법(法).

　점층법(漸層法)은 말하고자 하는 내용을 작은 것에서 큰 것으로, 좁은 것에서 넓은 것으로, 약한 것에서 강한 것으로 나타내어 가는 표현 기법입니다. 다음 시조는 정몽주의 「단심가(丹心歌)」입니다. 정몽주는 이방원에게 고려에 대한 절개를 굽히지 않겠다는 뜻을 강하게 나타내려고 점층법을 사용했습니다.

　이 몸이 죽고 죽어 일백 번 고쳐 죽어
　백골이 진토되어 넋이라고 있고 없고
　임 향한 일편단심이야 가실 줄이 있으랴.

이 시조의 '죽고 죽어', '일백 번 고쳐 죽어', '백골이 진토되어 넋이라도 있고 없고'에서 표현의 강도가 점점(漸) 높아 가고(層) 있습니다. 이런 표현이 바로 점층법입니다.

이와 반대되는 것은 점강법(漸降法)입니다. 다음 글은 이상의 소설 『날개』의 일부입니다.

아랫방에는 그래도 해가 든다.

아침 결에도 책보만한 해가 들었다가 오후에 손수건만해지면서 나가 버렸다.

해가 처음에는 책보만큼의 크기였다가 다음에는 손수건만큼 작아졌습니다. 바로 표현을 점점(漸) 약하게(降) 하는 점강법입니다. 이렇게 점강은 점층과 반대로 큰 것에서 작은 것으로, 넓은 것에서 좁은 것으로, 약한 것에서 강한 것으로 나타내어 가는 표현 기법입니다.

정적 靜的

〔靜 고요할 정, 的 ~하는 적〕
고요하게 움직이지 않고(靜) 가만히 있는(的).

동적 動的

〔動 움직일 동, 的 ~하는 적〕
활기 차게 움직이는(動的).

영미는 모처럼 교무실로 담임 선생님을 찾아뵈었습니다. 선생님이 자상하게 이런저런 가르침을 주셔서, 영미는 기분이 좋았습니다. 그런데 선생님께서 "영미야, 너는 정적이구나."라고 하신 말씀이 자꾸 뇌리에 맴돌았습니다. "정적, 정적이 뭐지?" 곰곰이 생각해도 뜻을 알 수 없었습니다. 선생님께서 이 말씀을 하실 때 인자한 미소를 머금으셨던 것으로 보아서 좋은 뜻으로 하신 말씀이라 짐작은 했습니다.

그러나 얼마 전 읽은 괴기소설에서 '어두운 지하실에는 정적만이 감돌았다.'는 구절이 떠올랐고, 또 한편으로는 국사 선생님이 조선 전기에 있었던 사화(士禍)를 설명하시면서 "사림파가 정적인 훈구파에게 쫓겨났다."고 하신 말씀이 생각났습니다. 그런 것을 생각하니 금세 기분이 우울해졌습니다. 영미는 이런 고민을 어머니께 말씀드렸습니다.

영미야, 잘 들어 보아라. 괴기소설에서 '어두운 지하실에는 정적만이 감돌았다.'고 할 때의 정적(靜寂)은 '고요함'이란 뜻이고, 국사 선생님이 "사림파가 정적인 훈구파에게 쫓겨났다."고 하셨을 때의 정적(政敵)은 '정치에서의 적'이란다. 그런데 담임 선생님께서 너에게 "너는 정적(靜的)이구나" 하신 말씀은 너의 성격이나 행동이 조용하고 얌전하다는 뜻으로 하신 말씀이란다.

저기 걸려 있는 동양화를 보아라. 마치 바람 하나 불지 않는 것처럼 정적(靜寂 고요함)이 흐르지. 저런 그림을 '정적(靜的)이다' 또는 '정적(靜的)인 미가 있다'라고 한단다. 대체로 동양의 특징을 말할 때 '정적(靜的)이다'라고 하지.

반대로 활달하게 움직이는 것을 표현할 때 '동적(動的)이다'라고 한단다. 엄마 방에 걸린 야생마의 그림을 보아라. 얼마나 힘차고 활동적으로 보이니? 이런 것을 바로 '동적(動的)이다' 또는 '동적(動的)인 미가 있다'라고 하는 것이란다. 이제 알겠지?

어머니의 자상한 말씀을 들은 영미는 정적(靜的), 정적(靜寂), 정적(政敵), 동적(動的)의 의미를 훤히 알게 되었습니다. "엄마 고맙습니다."

정한 情恨

〔情 마음 정, 恨 원통할 한〕
정과(情) 한(恨).

정(情)은 사람 사이에서 느끼는 마음의 움직임입니다.

부모와 자식, 형제 사이는 뗄레야 뗄 수 없을 정도로 깊은 정이 오고 가며, 친구나 남녀 사이에도 깊은 정을 느낍니다. 사람 사이 뿐만 아니라, 개를 키우면 개에게도, 뱀을 키우면 뱀에게도 정을 느낍니다. 또 정든 고향이라는 말이 있듯이 주위의 정경들에서도 정을 느낍니다.

한(恨)은 지난 일이 억울하거나 원통해서 응어리가 진 마음입니다. 다른 민족의 수많은 침략으로 얼룩진 과거를 가진 우리 민족을 흔히 '한의 민족'이라고 합니다.

이와 같이 한(恨)이란 응어리진 일이 쉽게 잊혀지지 않고 오랜 세월 동안 맺히는 마음입니다.

정과 한을 아울러 말하여 정한이라고 합니다. 흔히 이별의 정을 정한이라고 표현하는데 이별할 때의 안타까운 정을 뜻합니다.

누가 내
바둑일 보신탕집에…
큭! 가만 두지 않을꺼야~
뽀드득 (이가는 소리)
아~
그리운 야옹이
보고 싶어라~
빨리 집에 가야지

주지시 主知詩

〔主 주될 주, 知 알 지, 詩 시 시〕
지적인 면을(知) 주로 하는(主) 시(詩).

주정시 主情詩

〔主 주될 주, 情 마음 정, 詩 시 시〕
정서적인 면을(情) 주로 하는(主) 시(詩).

주의시 主意詩

〔主 주될 주, 意 뜻 의, 詩 시 시〕
의지의 측면을(意) 주로 하는(主) 시(詩).

주지시(主知詩), 주정시(主情詩), 주의시(主意詩)란 말은 시의
경향을 말하는 용어들입니다. 먼저 다음 시들을 읽어 보세요.

유리에 차고 슬픈 것이 어른거린다.
열없시 부터서서 입김을 흐리우니
길들은 양 언 날개를 파다거린다.
지우고 보고 지우고 보아도
새까만 밤이 밀려나가고 밀려와 부디치고
물어린 별이, 반짝, 보석처럼 백힌다.

<정지용의 「유리창 1」 중에서>

산산히 부서진 이름이여!
허공 중에 헤어진 이름이여!
불러도 주인 없는 이름이여!

<김소월의 「초혼(招魂)」 중에서>

함께 가자 우리 이 길을.

셋이라면 더욱 좋고 둘이라도 함께 가자.

뒤에 남아 먼저 가란 말일랑 하지 말자.

일이면 일로 손잡고 가자.

천이면 천으로 운명을 같이하자.

<김남주의 「함께 가자 우리」 중에서>

여러분은 이 세 편의 시를 읽으면서 시가 풍기는 분위기가 조금씩 다르다는 것을 느꼈을 것입니다.

우선 정지용님의 「유리창 1」이란 작품은 시인이 아이를 잃고 난 뒤에 썼다고 합니다. 아버지가 아들을 잃었다면 얼마나 슬플까요? 너무 슬퍼서 온통 시를 눈물로 뒤덮어도 모자랄 것입니다. 그러나 시인은 오히려 자신의 슬픈 감정을 극도로 억제하면서, 유리창 앞에서 끊임없이 입김을 지우고, 생기면 또 다시 지우고 있는 것입니다. 이렇게 자신의 감정을 말이나 행동으로 그대로 나타내기보다는 지성(知)을 위주로(主), 지적인 면을 주로 나타내는 경향을 주지적(主知的)이라 하고, 이러한 경향의 시를 주지시(主知詩)라고 합니다.

다음은 김소월님의 「초혼(招魂)」을 봅시다. 초혼(招魂)은 '혼(魂)을 부르다(招)'라는 말입니다. 이 시는 앞의 시와는 달리 시인의 감정이 온통 드러나 있는 것을 볼 수 있습니다. 사랑하는 그 사람을 온몸으로 부르는 시인의 애절함이, 불러도 오지 못할 대상에 대한 원망이 그대로 나타나서, 읽는 이에게 상당한 안타까움을 느끼게 합니다. 이렇게 감정(情)이나 정서를 위주로(主) 하는 것을 주정적(主情的)이라 하며, 이러한 경향의 시를 주정시(主情詩)라고 합니다.

　세 번째 김남주님의 「함께 가자 우리」는 제목부터 시인의 의도가 확연히 드러나 있습니다. 시인은 독자들에게 '누군가는 이르러야 할 길'로 함께 가자고 외칩니다. 이렇게 시인 자신의 의도를(意) 위주로(主) 하는 것을 주의적(主意的)이라 하고, 이러한 경향의 시를 주의시(主意詩)라고 합니다.

중의법 重意法

〔重 겹칠 중, 意 뜻 의, 法 법 법〕
　하나의 말에 두 가지 이상의 뜻을(意) 겹치게(重) 하는 방법(法).

　'중(重)'은 '무겁다'는 뜻으로 많이 쓰이는데, 중의법(重意法)에서의 중(重) 자는 '겹치다'라는 뜻으로 쓰였습니다. 중(重) 자가 겹치다의 뜻으로 쓰인 예는 중복(重複), 중첩(重疊), 중언부언(重言復言 한 말을 자꾸 되풀이함), 이중삼중(二重三重 두겹 세겹) 등이 있습니다.
　중의법이란 하나의 말에 두 가지 이상의 뜻을 지니게 하는 방법입니다. 그러면 우선 황진이의 시조를 감상하겠습니다.

　　청산리(靑山裏)* 벽계수(碧溪水)*야 수이 감을 자랑 마라
　　일도창해(一到滄海)*하면 다시 오기 어려웨라
　　명월(明月)*이 만공산(滿空山)*하니 쉬어 간들 엇더리
　　(* 靑山裏 : 푸른 산 속의, 碧溪水 : 푸른 시냇물, 明月 : 밝은 달,
　　　一到滄海 : 한 번 푸른 바다에 다다르면, 滿空山 : 빈 산에 가득 차니)

　당시 왕족이었던 벽계수란 사람은 많은 남성들이 황진이에게 반한다는 말을 듣고, 자신은 그들과 다르다고 말하였습니다. 이

말을 전해 들은 황진이는 그를 유인하여 자신이 사는 송도에 구경을 오도록 하였습니다. 벽계수가 나귀를 타고 만월대에 이르자, 황진이는 곱게 단장하고 나타나 이 시조를 불렀습니다. 이 때 벽계수는 웬 선녀인가 하여 자기도 모르게 나귀에서 내렸다는 유명한 이야기가 있습니다.

여기서 벽계수(碧溪水)는 푸른 시냇물이란 뜻 외에 벽계수라는 사람 이름을 의미하고, 또 명월(明月)은 밝은 달이라는 뜻 외에 황진이의 기생 이름인 명월을 가리키기도 합니다.

이렇게 하나의 단어에 두 개 이상의 뜻을(意) 겹쳐(重) 사용하는 표현법(法)이 바로 중의법입니다.

찬가 讚歌

〔讚 기릴 찬, 歌 노래 가〕
찬미(讚)의 뜻을 표하는 노래(歌).

열치매 나타난 달이
흰 구름 좇아 떠남이 아니냐, 새파란 내에
기랑의 모습이 있어라, 이로 냇가 조약에서
낭이 지니시던 마음의 끝을 좇고자.
아아, 잣가지 높아 서리 못 누울 고깔이여.

위의 작품은 신라의 승려 충담사가 지은 향가 「찬기파랑가(讚
耆婆郎歌)」입니다. 기파랑은 신라의 화랑이었습니다. 충담사가
기파랑의 고결한 인품을 찬양하여 지은 것이지요. 이 향가의 제
목 「찬기파랑가」에서 이름인 기파랑을 빼면 '찬가(讚歌)'가 되는
데 찬가란 찬양하는(讚) 노래(歌)라는 뜻입니다. 그러니 찬기파랑
가(讚耆婆郎歌)는 기파랑(耆婆郎)을 찬양하는(讚) 노래(歌)라는
뜻입니다. 찬가와 비슷한 말로 찬송가(讚頌歌)가 있습니다. 송
(頌) 자가 '기린다'라는 의미이니까, 찬송가 역시 누군가를 기리는
노래인데 주로 기독교에서 신을 기리는 노래라는 뜻입니다.

창가 唱歌

〔唱 노래 부를 창, 歌 노래 가〕
개화기 때 나타났던 노래 형식의 하나.

학도야 학도야 청년 학도야

벽상의 괘종을 들어 보시오
한 소리 두 소리 가고 못 오니
인생의 백년 가기 주마 같도다

<안창호의 「권학가」>

여러분은 연세 드신 분들이 이 노래를 목청껏 부르시면서 감회에 젖는 것을 보았을 것입니다. 이 노래는 우리 나라 개화기 때 지어졌던 창가(唱歌) 중의 하나입니다. 처음에 창가는 그 당시 들어오기 시작한 서양 기독교의 찬송가 곡조에 가사를 붙여 부르면서 시작되었습니다.

창가의 내용은 주로 안창호 선생의 「권학가」에서 볼 수 있듯이 국민들을 계몽하고 애국 정신을 고취하는 것이었습니다. 주로 신식 교육을 받은 젊은이들에게 널리 불리어졌으며, 그 후 일제에 의해 나라를 잃었을 때에는 독립 의지를 담아 부르기도 했습니다. 창가의 곡조와 가사는 국민학교와 중·고등학교의 교가에 많은 영향을 미쳤으며, 힘찬 박자를 지닌 대중 가요에도 영향을 주었습니다.

채 록 採錄

〔採 캘 채, 錄 적을 록〕
묻혀 있는 이야기를 캐내어(採) 기록함(錄).

채록(採錄)은 국문학에서 많이 쓰는 말로서, 민간의 이야기나 노래를 돌아다니면서 모아 기록한다는 뜻입니다. 마치 땅 속에 있는 풀뿌리를 캐듯이 여러 사람들 사이에 흩어져 있는 이야기나

노래를 찾아내어(探) 기록한다(錄)고 해서 채록이라고 한 것입니다.

설화나 민요를 연구하고 널리 알리기 위해서는 이러한 채록이 꼭 필요합니다. 그래서 구비문학을 연구하는 분들은 녹음기를 들고 각 지방으로 돌아다니면서 여러 노인들로부터 옛날 이야기나 민요를 녹음하고, 기록하는 것이 커다란 일 중의 하나랍니다.

그러면 채록(探錄)한 이야기 하나를 소개합니다. 충북 단양에 사시는 유촌종 노인에게서 채록한 이야기를 그대로 옮겨 놓았습니다.

떡보라는 바보가 있었어. 중국 사신이 오는데, 인재가 없어 방을 붙였지. 떡보가 떡을 실컷 먹고 싶어서 지원하였어. 그래서 실컷 배불리 먹고는 중국 사신을 맞으러 압록강 뱃사공 노룻을 하는 거야. 이 때 사신이 압록강을 건느면서 조선 지도가 어떠냐는 뜻으로 손으로 원을 보이자 떡보가 떡인 줄 알고 노치떡을 먹었다고 큰 원을 그렸지. 그랬더니 사신이 놀라서 다시 한 번 시험하리라고 복희씨*라는 뜻으로 가슴을 치자 바보는 떡 먹은 게 체해서 그러는가 보다고 자기는 문제없다는 뜻으로 수염을 쓰다듬었더니 사신은 염제*를 얘기하는구나 하는 뜻으로 생각했어. 그래 중국 사신이 생각하기를 조선에는 뱃사공도 이렇게 높은 수준을 지니고 있으니 정부에는 얼마나 훌륭한 인재들이 있을까 하여 교만한 마음을 버렸다네.

(* 복희씨 : 중국 고대 전설상의 성왕
  염제 : 역시 중국 고대 전설상의 성왕으로 복희씨보다 앞선 인물)

채록한 이야기를 그대로 수록해서 표현이 어색하고 이야기의 구조가 다소 엉성한 면이 있으나, 현장감을 그대로 살리기 위해서는 채록한 사람이 손을 대지 않고 그대로 기록하는 것이 좋습니다. 채록은 비록 고달픈 작업이기는 하지만 설화 문학의 연구와 민요의 발굴을 의해서는 반드시 필요한 일입니다.

▶ [구비문학] 참조

첩어 疊語

〔疊 겹칠 첩, 語 말 어〕
똑같은 말이나 비슷한 말끼리 겹쳐져(疊) 된 말(語).

첩(疊)은 겹친다는 뜻으로 첩첩산중(疊疊山中)이나 중첩(重疊) 등이 그 예입니다. 첩어(疊語)의 첩(疊) 자도 같은 의미로 쓰인 것입니다. 그러므로 첩어(疊語)란 같거나 비슷한 말이 겹쳐서(疊)

된 말(語)입니다. 첩어의 예를 들어 봅시다.

　무섭거나 추워서 떨 때는 '벌벌'
　물을 마실 때 나는 소리 '벌컥벌컥'
　생각이 섞여 분간하지 못할 때 쓰는 '알쏭달쏭'
　여러 빛깔의 무늬가 어우러진 '알록달록'

　이렇듯이 순수한 우리말 첩어도 많지만, 하나의 한자가 겹쳐서
된 한자말 첩어도 많이 있습니다.
　예를 들면 다음과 같습니다.

　방방곡곡(坊坊曲曲) : 고을마다
　첩첩산중의 첩첩(疊疊) : 겹친 모양
　호호백발의 호호(皓皓) : 아주 흰 모양
　위풍당당의 당당(堂堂) : 기운차고 씩씩한 모양

　예를 보아서 알 수 있듯이 첩어는 주로 사물의 모양이나 소리
를 나타내는 의성어나 의태어를 만들어 줍니다.
▶ [의성어 擬聲語] 참조

출전 出典

〔出 날 출, 典 책 전〕
인용한 고사(故事)나 숙어 등의 원래 출처(出)가 되는 책(典).

　다음 글을 한번 읽어 봅시다.

옛날에 환인이 있었는데 그의 아들 환웅은 자주 천하에 뜻을 품고서 인간 세상을 흠모하였다. 이에 아버지가 아들의 뜻을 알고서 삼위산과 태백산을 내려다보니 가히 인간을 널리 이롭게 할 만하였다. <중간 생략> 곰은 여자의 몸이 되었으나, 호랑이는 참아 내지 못하여 사람의 몸이 될 수 없었다. <중간 생략> 웅녀와 혼인하여 아들을 낳으니 부르기를 단군왕검이라 하였다.

많이 들어 본 이야기이지요? 이 글은 고려 시대 일연(一然) 스님이 쓴 삼국유사(三國遺事)에 실려 있는 단군신화(檀君神話)입니다. 그러니까 삼국유사가 단군신화의 출전(出典)이 되는 것이지요.

출전이란 어떤 글이 원래 나오는(出) 책(典)을 말하는데, 글을 쓰면서 다른 사람의 글을 인용할 때에는 꼭 출전을 밝혀 주어야 합니다. 그렇지 않으면 다른 사람의 글을 마치 자기의 글인 양 훔쳤다고 오해받을 수 있기 때문입니다. 출전을 밝히는 것은 자신이 인용한 책을 쓴 분의 명성을 높여 주려는 사려 깊은 태도이며, 출전을 알고 싶어하는 독자를 위한 친절한 배려이기도 합니다.

탐미주의 耽美主義

〔耽 즐길 탐, 美 아름다울 미, 主 주인 주, 義 뜻 의〕
예술에서 오직 아름다움만을(美) 탐하려는(耽) 주의(主義).

유미주의 唯美主義

〔唯 오직 유, 美 아름다울 미, 主 주인 주, 義 뜻 의〕
예술에서 오직(唯) 아름다움만을(美) 추구하려는 주의(主義).

탐미(耽美)란 아름다움(美)에 빠져 깊이 즐긴다(耽)는 뜻입니다. 아름다움에는 어떤 것이 있을까요? 여성의 예쁜 표정, 아니면 좋은 옷? 이러한 아름다움을 즐기는 것도 탐미(耽美)라고 할 수는 있겠지요. 탐미(耽美)라는 말은 주로 예술 분야에서 많이 쓰는 용어입니다. 예술이란 사람들의 지루한 생활에 뭔가 활력과 여유를 불어넣고 자기의 정서를 풍부하게 하기 위해 추구하는 것이라고 할 수 있지요. 우리 주위의 미를 찾아 이를 예술 작품으로 표현하는 것입니다. 그런데 탐미주의자(耽美主義者)들은 예술에서 오직 아름다움만을 최고의 것으로 생각하여 다른 것은 안중에 두지 않습니다. 예술의 가치를 오직 아름다움의 추구에만 두는 자세는 예술이 반드시 아름다운 것만을 그려 내려고 해서는 안 된다는 면에서 비판의 소지가 있습니다. 현실의 추함과 모순, 평범하지만 진실한 모습들까지도 솔직하게 사실적으로 그려 내는 것도 예술이 담아 내야 할 중요한 부분이라고 할 때, 이를 덮어두고 오직 아름다운 모습만을 그려 내려는 태도는 현실과 동떨어진 것이라는 비난을 듣기에 충분합니다. 유미주의(唯美主義)도 마찬가지로 오직(唯) 미(美)만을 최고의 가치로 생각하고 이를 추구하는 주의이니, 탐미주의와 크게 다르지 않다고 볼 수 있습니다.

태동기 胎動期

〔胎 태 태, 動 움직일 동, 期 때 기〕
엄마의 뱃속에서 태아(胎)가 움직이는(動) 시기(期).

　태(胎)란 뱃속의 아이를 싸고 있는 막을 뜻하는 말입니다. 아이가 뱃속에 있을 때에는 막에 둘러싸여 있어서 탯줄에 연결된 아이의 배꼽을 통해 영양이 공급됩니다. 이 아이가 점점 시간이 지나 임신 5개월쯤이 되면 사람의 형체를 거의 갖추게 되면서 손발을 움직이기 시작합니다. 이렇게 뱃속의 아이(胎)가 움직이기(動) 시작하는 시기(期)를 태동기(胎動期)라고 합니다. 그런데 이런 의미가 확대되어 어떤 일이 막 시작되어 진전이 되어 가려는 시기도 태동기(胎動期)라 합니다. 마치 뱃속의 어린아이가 움직이기 시작하는 것처럼 어떤 일이 시작된다는 의미에서 붙인 것입니다.

퇴고 推敲

〔推 밀 퇴, 敲 두드릴 고〕
원고를 수정함.

중국 당(唐)나라 때의 시인 가도(賈島)는 과거를 보러 서울로 가던 길에 다음과 같은 한시를 짓게 되었습니다.

鳥宿池邊樹　　새는 연못가 나무 위에 자고
僧敲月下門　　스님은 달빛 아래 문을 두드리네.

그런데 시를 짓고 보니 둘째 구의 두드릴 고(敲) 자가 아무래도 마음에 걸려 '밀 퇴(推)' 자로 고치면 어떨까 하는 생각이 드는 것이었습니다. 문을 두드린다, 문을 민다, 어떤 것이 좋을까? 이렇게 고민을 하던 그는 마침 길에서 우연히 대문장가인 한유(韓愈)를 만나 그에게 도움을 구하게 되지요. 그러자 한유가 왈,
"이 사람아, 자네 수준에 그 정도면 잘됐지, 뭘 그러나? 고(敲)라는 말이 시적인 언어에 더 가까우니 그냥 하기로 하지."
이래서 가도는 고(敲) 자로 결정하게 되었답니다. 그 후로 퇴고(推敲)라 하면 글을 고치는 것을 뜻하게 되었는데 원고의 경우 퇴고를 마친, 즉 뺄 것과 더할 것을 다 살핀 후의 글이라야 비로소 완성된 원고라고 할 수 있는 것입니다.

五

파생어 派生語

〔派 갈래 파, 生 날 생, 語 말씀 어〕
사물의 어떤 근원으로부터 갈라져 나와(派) 생긴(生) 말(語).

합성어 合成語

〔合 합할 합, 成 이룰 성, 語 말씀 어〕
말과 말을 합하여(合) 새롭게 이룬(成) 말(語).

우리말은 크게 단일어와 복합어로 형성되어 있습니다. 그리고 복합어는 파생어와 합성어로 나뉘어지고요. 이를 도표화하면 다음과 같습니다.

＊ 우리말 ┌ 단일어
　　　　 └ 복합어 ┌─ 파생어
　　　　　　　　　 └─ 합성어

그러면 먼저 파생어가 무엇인지 알아봅시다. 예를 한번 보죠. '좀 덜 익은', '익숙지 않은'이라는 뜻을 지닌 우리말로 '풋'이 있습니다. 그런데 이 '풋'이라는 말은 혼자서는 쓸 수 없습니다. 그래서 꼭 다른 단어와 결합을 해야만 합니다. 예를 들어 사랑인지 우정인지 구별하지 못하는 사이를 '풋사랑'이라고 합니다. 고추는 고추인데 조금 덜 익은 고추를 '풋고추'라 하고, 또 봄철에 새로 나온 싱싱한 나물을 '풋나물'이라고 합니다. 이렇게 '풋'과 같이 혼자서는 쓰이지 못하는 말이 혼자 쓰일 수 있는 말의 앞이나 뒤에 붙어서 형성된 말을 파생어(派生語)라고 합니다. 이를 문법적인 용어로써 나타내면 이렇습니다.

파생어 = 형식 형태소(접두사) + 실질 형태소(어근) 예)풋사랑
실질 형태소(어근) + 형식 형태소(접미사) 예)가난뱅이

실질 형태소란 '사랑, 고추, 나물'처럼 혼자 쓰일 수 있는 말입니다. 그리고 '풋'과 같이 혼자서는 쓰이지 못하는 말을 형식 형태소라고 합니다. 말의 뿌리, 어근의 본래의 뜻은 변하지 않는데, 여기에 '풋, 치, 휘, 맨, 덧' 등의 접두사나, '꾸러기, 어치, 뱅이'와 같은 접미사가 붙어서 확장된 의미로 새롭게 만들어지는 말을 파생어(派生語)라고 하는 것입니다. 다음이 파생어의 예입니다.

설익다   치뜨다   값어치   욕심꾸러기   가난뱅이

합성어에 대해서 알아보죠. 먼저 합성어의 예를 보겠습니다.

길바닥   큰형   산들바람   이슬비   오르내리다   높푸르다

이 합성어들은 다음과 같이 나눌 수 있습니다.

길바닥 = 길 + 바닥   큰형 = 큰 + 형
산들바람 = 산들 + 바람   이슬비 = 이슬 + 비
오르내리다 = 오르다 + 내리다   높푸르다 = 높다 + 푸르다

이처럼 합성어는 파생어와는 달리 각각 독립적인 의미를 지닌 말들의 결합입니다. 즉 실질 형태소 + 실질 형태소의 짜임입니다. 이렇게 합성어(合成語)란 단일어로 사용하고 있던 말을 합하여(合) 새로운 말(語)을 형성한(成) 것입니다. 말을 합한다는 점에

서는 파생어와 일치하지만, 합해지는 말의 종류가 각각 혼자서 쓰일 수 있는 것이냐, 그렇지 않은 것이냐에 따라 파생어와 합성어로 구별됩니다.

평론 評論

〔評 평가할 평, 論 말할 논〕
어떤 분야에 대해 좋고 나쁨, 옳고 그름 따위를 평가하여(評) 논함(論).

많은 사람들에게 인기를 얻다가 군에 입대한 탤런트 차인표에 대한 인물 평론(評論)을 소개하겠습니다.

차인표는 표정 연기가 뛰어나다. 그는 때로 억세고 지칠 줄 모르는 강함으로, 때로는 장난꾸러기 같은 천진함으로, 때로는 낭만주의자의 달콤함으로 다가온다. 슬픔이 깃들인 듯하다가도 다정하고 격의 없게 보인다.

짧은 글이지만, 이 평론을 통해 차인표가 어떤 매력을 지닌 배우이며, 어떤 연기에 뛰어난 배우인지를 훤히 알 수 있습니다.

이렇게 평론은 어떤 인물이나 분야에 대해 좋고 나쁨, 옳고 그름, 장점과 단점, 특징과 성격 따위를 평가하여(評) 논한(論) 글입니다. 특정한 인물이나 영화, 문학, 음악, 미술 등등 다양한 분야에서 평론은 이루어집니다. 전문가의 평론을 통해 일반인들은 그 분야에 대한 보다 정확한 이해와 넓은 관심을 갖게 됩니다. 볼 만한 영화를 고르거나 읽을 만한 책을 고르려 할 때 신문이나 잡지에 실린 평론을 읽으면 많은 도움을 받을 수 있습니다.

표음문자 表音文字

〔表 나타낼 표, 音 소리 음, 文 글 문, 字 글자 자〕
말의 소리를(音) 나타내는(表) 문자(文字).

표의문자 表意文字

〔表 나타낼 표, 意 뜻 의, 文 글 문, 字 글자 자〕
말의 뜻을(意) 나타내는(表) 문자(文字).

똘똘이는 오랜만에 할아버지와 함께 중국 음식점에 들어갔습니다. 주인 아저씨가 주시는 물을 한 잔 마시고 무엇을 시킬까 하고 고개를 들어 차림표를 보는데 그 옆에 '家和萬事成'이라고 붓글씨로 써 있었습니다.

그 때 마침 할아버지께서도 그 글씨를 보시면서 이렇게 읽으셨습니다. "가화만사성이라" 똘똘이는 곰곰이 생각해 보았습니다. '무슨 말일까? 왜 한자(漢字)로 된 글은 한글처럼 읽는 것과 동시에 뜻이 이해가 되지 않는 것일까?'

여러분도 똘똘이와 같은 경험이 있었을 것입니다. 그러면 왜 한자(漢字)로 된 글은 한글처럼 읽는 동시에 뜻이 드러나지 않는 것일까요? 그것은 바로 한문이 표의문자(表意文字), 즉 뜻 글자이기 때문입니다. 이에 비해 한글은 표음문자(表音文字), 즉 소리 글자여서 글자의 음을 읽는 순간 동시에 글자들이 연결되면서 뜻을 알 수 있습니다. 또한 한글은 글자 하나하나의 뜻이 없습니다. '똘똘이가 노래를 부릅니다.'하면 '똘'이라는 글자 하나는 뜻이 없지만, '똘똘이'라고 하는 세 글자가 합쳐져 이름을 나타낸다는 것을 우리는 압니다. 또 '노'라는 글자 하나만으로는 뜻을 알 수 없지만 '노래'라고 글자를 읽는 순간 '노래'의 뜻을 알 수 있습니다.

물론 여기서 한자어로 된 우리말은 예외입니다.

하지만 표의문자(表意文字)인 한자(漢字)는 글자 하나하나에 뜻이 있습니다. '家和萬事成'은 '집(家)', '화목하다(和)', '일 만(萬)', '일(事)', '이루다(成)'라는 글자 하나하나의 뜻이 있습니다. 그래서 그 개별 글자의 뜻을 가지고 다시 '집안이(家) 화목해야(和) 모든(萬) 일이(事) 이루어진다(成).'라고 해석을 해야 비로소 무슨 뜻인지 알 수 있습니다.

이를 정리하면 표의문자(表意文字)란 한자(漢字)처럼 개별적인 낱 글자가 한 가지 이상의 뜻을 지니고 있어서 그 뜻으로 다시 해석을 해야 글자 및 단어, 문장의 뜻을 알 수 있는 문자입니다. 표음문자(表音文字)란 글자 하나하나의 뜻은 없고 낱 글자들이 모여서 하나의 단어를 이루어야 뜻이 이루어지는 문자입니다.

표준어 標準語

〔標 표시할 표, 準 표준 준, 語 말 어〕
표준(標準)이 되는 말(語).

표준이란 사물의 기준이나 모범을 뜻합니다. 그러니까 표준어(標準語)란 한 나라 안에서 쓰이는 여러 가지의 말들 중에서 기준이 되는 언어를 말하지요. 표준이란 여러 가지 중에서 가장 반듯하고 잘 생긴 것을 의미합니다. 흔히 사투리라고 하면 특정한 지방이나 계층에서만 쓰이는 말인데 반하여 표준어란 한 나라 안에서 두루 통용될 수 있는 가장 일반적인 언어를 뜻하지요. 현재 우리말 표준어 법은 「한글 맞춤법 통일안」에 의해 시행되고 있습니다. 우리가 사용하는 말 중에 무심코 쓰이는 말들을 한번쯤 살펴보면 유익하겠지요. 다음은 영희와 나영이의 대화입니다. 표준어가 아닌 것은 무엇일까요?

영희 : 난 이번 기말 고사 때 가까스루 십 등 안에 들었는데, 넌 어떠니?

나영 : 말두 마. 나도 십 등 안에 들긴 들었는데 뒤에서 들었지 뭐니. 덕분에 아빠랑 자전거 타고 놀러 가기로 했는데 다 관둘 껴.

위에서 '가까스루', '말두 마', '관둘 껴'는 표준어가 아니지요. 한 보고서에 의하면 청소년의 은어와 사투리가 최근 들어 더욱 많이 사용되는 경향이 있다고 합니다. 특히 최근의 은어나 사투리 등은 이전에 비해 더욱 거칠어져서 기존의 언어와 조화를 이루기 어려운 특징을 가지고 있다고 합니다. 우리가 흔히 쓰는 말들을 한번쯤 되돌아볼 필요가 있겠지요. 한 사회의 구성원으로서 그 사회의 표준어를 알고 바르게 쓰는 일은 문화인으로서 반드시 갖추어야 할 덕목이라 하겠습니다. 언어란 그것을 쓰는 사람의 인격을 표현하는 것이니까요.

▶ [방언 方言] 참조

풍유법 諷諭法

〔諷 빗대어 말할 풍, 諭 깨우칠 유, 法 법 법〕
빗대어 말해서(諷) 깨우치게(諭) 하는 법(法).

다음 속담들을 읽고 어떤 경우에 사용되는지를 생각해 봅시다.

빈 수레가 더 요란하다.

남의 잔치에 배 놓아라 감 놓아라 한다.

원숭이도 나무에서 떨어진다.

우리가 잘 아는 속담들입니다.

여러분은 만약에 컴퓨터에 대해서 잘 알지도 못하면서 이것저것 아는 체하는 친구를 보면 뭐라고 말하겠습니까? "야, 너 알지도 못하면서 아는 척하지 마."라고 한다면, 그 말을 듣는 친구는 몹시 기분이 상할 것입니다. 만약 위의 속담을 써서 "야, 원래 빈 수레가 더 요란한 법이야."라고 빗대어 한마디해 준다면, 듣는 친구는 별로 기분 나빠하지 않으면서 '아, 지금 내가 알지도 못하면서 아는 척하고 있구나.'하고 깨우치게 될 것입니다.

두 번째 속담 '남의 잔치에 배 놓아라 감 놓아라 한다.'는 남의 일에 나서서 이것저것 간섭하며 끼어 드는 사람에게 넌지시 해주면 딱 알맞은 속담이지요.

세 번째 속담 '원숭이도 나무에서 떨어진다.'는 아무리 능숙하게 잘하는 사람일지라도 실수할 때가 있다는 뜻으로서, 자기의 재주만을 믿고 함부로 으스대는 사람에게 해줄 수 있는 속담입니다.

지금까지 우리에게 잘 알려진 속담으로 상대방의 잘못을 직접 지적하지 않고 간접적으로 깨우치게 할 수 있는 경우를 들어 보았습니다.

이렇게 표현하고자 하는 내용을 직접적으로 나타내지 않고 다른 이야기나 속담, 격언, 문장 등으로써 간접적으로 빗대어 말해(諷) 깨우치게(諭) 하는 이야기 법(法)을 풍유법(諷諭法)이라고 합니다.

필순 筆順

〔筆 붓 필, 順 순서 순〕
붓으로(筆) 쓰는 순서(順). 획순(劃順)

글씨를 쓰려면 붓(筆)이나 펜으로 그어야(劃) 합니다. 이 때 글자의 모양을 좀더 균형 있고 아름답게 만들려면 순서(順)를 지켜야 합니다. 만약 사람을 그리는데 손가락, 발가락, 머리털부터 먼저 그리는 사람은 없겠죠? 머리, 몸뚱이 순서로 그려야 합니다. 글씨도 마찬가지입니다. 그러면 한자 쓰는 순서를 간단히 소개하겠습니다.

첫째 위에서 아래로 (ㅣ), 둘째 왼쪽에서 오른쪽으로 (一), 셋째 가운데 먼저 양쪽의 획은 나중에 (小), 넷째 바깥쪽에서 안쪽으로 (國), 다섯째 글자 전체를 꿰뚫는 세로획은 마지막으로 (中) 긋습니다. 어려운 듯하지만 많이 써 보면 쉽게 익힐 수 있습니다.

이렇게 글씨를 쓰는 순서를 두 자로 필순(筆順), 또는 획순(劃順)이라고 하는데, 글씨를 필순에 맞추어 써야 하는 이유는 바르고, 쉽고, 멋지게 쓰기 위해서입니다.

그러나 필순은 어디까지나 권장 사항이지 반드시 지켜야 한다는 것은 아닙니다. 예를 들어 左(왼쪽 좌) 자와 右(오른쪽 우) 자를 쓴다고 할 때, 글자 모양이 비슷하지만 필순은 다릅니다. 그러나 左 자를 右 자의 필순대로 쓰면 절대 안 된다고 할 수는 없습니다. 쓰는 사람에 따라, 취향에 따라 어느 정도 융통성을 가지고 바꾸어 쓸 수 있기 때문입니다. 정리하자면 균형 있고 아름다운 글씨를 쓰기 위해서 가능한 한 필순에 맞추어 써야 하지만, 꼭 지켜야 할 법칙은 아닙니다.

한문학 漢文學

〔漢 한나라 한, 文 글월 문, 學 배울 학〕
한문(漢文)으로 된 학문(學). 한문(漢)으로 된 문학(文學).

한문학(漢文學)에는 두 가지 의미가 있습니다.

첫째 한문으로 이루어진(漢文) 학문(學)이란 뜻입니다.

한문(漢文)이란 옛날 중국(漢)의 글(文)이지요. 예전에 중국을 중심으로 한 동아시아에서는 대부분 중국의 글인 한문(漢文)으로 표기를 하였습니다.

예를 들어 『논어』, 『맹자』 등의 성현의 가르침이나, 『사기』, 『한서』 등의 역사서, 『시경』이나 『당시』 같은 예전의 책들은 모두 한문으로 되어 있습니다.

중국 주변의 국가인 우리 나라, 일본, 월남 등도 그 나라의 글자가 정착이 되지 않은 상태에서 문명이 발달한 중국의 영향을 입어 오랫동안 한문을 썼습니다.

한문은 중국에서 오랫동안 사용되면서 시대에 따라 문체에 많은 변화가 있었는데, 고대로 갈수록 묵직하고 점잖은 투의 문어체의 글이 쓰였고, 후대로 내려올수록 말하는 그대로 표기하는 구어체의 글로 변했습니다.

특히 근대에 이르러서는 대대적인 문체 변혁 운동으로 인해 '백화'라는 이름의 문체를 사용하는데, 이는 거의 말하는 그대로 표기할 수 있는 문체입니다.

우리 나라에서는 삼국 시대 이전에 한문을 수입해서 써 왔는데, 중국에서 문체가 변함에 따라 우리도 변화된 문체를 사용한 것이 아니라, 그와는 상관없이 거의 중국 고대에 사용했던 중국의 고문(古文)만을 사용했습니다. 그 이유는 고문이 묵직하고 뜻이 깊다고 여겼기 때문입니다.

이 중국의 고문인 한문으로 문학, 역사, 철학, 과학, 의학, 음악, 풍속 등의 모든 것을 기록했습니다. 한문학이라고 하면 이렇게 한문(漢文)으로 기록한 모든 방면의 학문(學)을 일컫는 것입니다. 여러 종류의 한문학 중에서도 가장 중요한 비중을 차지했던 분야는 문학과 역사와 철학입니다. 그래서 흔히 이 셋을 합쳐 문사철(文史哲)이라고 합니다.

한문학(漢文學)의 두 번째 의미는 한문으로 된(漢) 문학(文學)입니다. 이는 마치 영어로 된 문학을 '영문학'이라 하고, 일어로 된 문학을 '일문학'이라고 하는 것과 같은 이치입니다. 한문학(漢文學)을 한문(漢)으로 된 문학(文學)이라는 의미로 말할 때에는 한(漢)을 먼저 읽고 약간 끊어서 문학(文學)을 읽어야 의미가 더 분명해지겠지요. 한문학 중에서도 우리 나라에서 창작된 한문학을 중국이나 일본, 월남의 것과 구별하여 '한국 한문학'이라고 합니다.

우리 선조들이 이룩해 놓은 한문학(한문 문학) 작품은 질적으로 우수하고 양적으로 매우 풍부합니다. 문학은 그들의 아주 중요한 생활의 일부였습니다. 기록을 중히 여겼고, 글을 중시하였으며, 서넛 이상이 마주 앉으면 시를 창작하고 논평하였습니다. 그래서 웬만큼 글을 아는 사람은 반드시 시를 수십 수 또는 수백 수씩 지었고, 이름 난 시인들은 평생을 거쳐 몇 천 수를 지어 출간했습니다. 시 이외의 다른 실용적인 산문도 귀히 여겨 이를 능숙하고 세련되게 창작했습니다.

문학에 대해서 이토록 상당한 관심을 갖고 창작에 열의를 쏟았던 풍조는 아마 세계 어느 나라나 종족에서도 볼 수 없었던 특이하고도 귀중한 것이라고 할 수 있습니다. 그러면 많은 한문학의 유산 중에 설화 하나를 소개합니다.

　　신라 제48대 경문왕이 왕위에 오른 뒤 얼마 안 있어 왕의 귀가 갑자기 커져 마치 당나귀 귀처럼 되었다. 그렇지만 왕비와 궁인들은 아무도 이 사실을 모르고 다만 왕의 갓을 담당한 장인 한 사람만이 머리를 매만지다가 이 사실을 알게 되었다.

　그러나 이 사실을 누구한테 말할 수 있으랴?

　그는 평생 동안 그 사실에 대해서 말하지 못하고 답답하게 살 수밖에 없었다.

　세월이 흘러 늙어 죽게 되었을 때에야 그는 도림사라는 절의 대나무 숲, 아무도 없는 곳에 들어가 대나무를 향해 길게 소리쳤다.

　"우리 임금님 귀는 당나귀 귀라네……"

　그 사람이 죽은 뒤 그 숲에서는 바람이 불면

　"우리 임금님 귀는 당나귀 귀라네……"

라는 소리가 마치 메아리처럼 들리곤 하였다.

　왕이 이 사실을 알고는 매우 싫어하여 대나무를 모두 베어 버리고 대신 그 자리에 산수유 나무를 심게 하였다. 그 후론 바람이 불면,

　"우리 임금님 귀는 길다네……"

라는 소리만 들리게 되었다고 한다.

이 이야기는 고려 중기 일연 스님이 지은 『삼국유사』에 실려 전합니다. 한문으로 된 것을 우리 글로 옮겨 놓은 것입니다. 이 작품의 특징은 문장의 기교가 뛰어나거나 문장이 수려한 것이 아니라 작품이 갖는 고도의 풍자성입니다.

임금의 귀가 당나귀 귀 같다는 비밀이 결국에는 드러났듯이, 어떠한 정치적인 비밀도 결국에는 드러나므로 정치 지도자는 어둡고 비밀스런 정치를 행해서는 안 된다는 의미를 지니고 있습니다.

이 이야기는 지난 노태우 대통령 집권 시절 초기에 한창 유행했습니다. 왜냐하면 노 대통령의 귀가 마치 당나귀의 귀처럼 크다는 사실과 신군부 세력이 집권 과정에서 저지른 여러 가지 어둡고 비밀스러운 사건들이 언젠가는 드러나리라는 믿음이 이 이야기의 내용과 맞아 떨어졌기 때문입니다.

한문학 작품은 이렇듯이 현대를 사는 우리들에게 충분히 의미 있고 가치 있는 것입니다.

그런데 간혹 한글로 된 문학만 가치가 있고 한문학은 가치가 없을 뿐만 아니라, 진정한 우리 문학이 아니라는 의견도 있습니다. 한편으론 타당한 말 같지만 이는 잘못된 생각입니다.

비유를 하나만 들까요? 우리가 미국에서 밀을 사 오고 독일에서 빵 굽는 기계를 들여와 우리 나라 사람이 우리 나라에서 빵을 구워 냈다면 이 빵은 어느 나라 빵일까요? 밀이 미국 것이라 하여 미국 빵이라고 할 수 있을까요? 한문학 작품의 가치를 매기는 일도 이와 똑같이 생각할 수 있습니다.

비록 우리 나라 선조들이 중국에서 한문을 빌어다 썼을지라도 우리 선조들의 생활과 정서가 담겨 있다면 우리 나라 문학으로 인정해 주어야 합니다.

역사는 흘러갔고 이제 한문학은 우리에게 귀중한 유산으로 남아 있습니다. 그러나 아직도 번역조차 되지 않고 도서관에서 먼지에 뒤덮인 채 햇빛을 볼 그 날만을 기다리는 책이 많이 있다는 사실은 매우 안타까운 일입니다.

한자 漢字

〔漢 나라 이름 한, 字 글자 자〕
한나라(漢) 글자(字). 낱개의 한자.

한자어 漢字語

〔漢 나라 이름 한, 字 글자 자, 語 말 어〕
한자(漢字)로 이루어진 말, 단어(語). 한자말

한문 漢文

〔漢 나라 이름 한, 文 글월 문〕
한자·한자어(漢)로 이루어진 글, 문장(文).

　여러분은 한자와 한자어, 한문을 정확하게 구분하지 못하고 혼동해서 쓰고 있지 않습니까? 그렇다면 다음 글을 읽어 보세요.

　먼저 한자(漢字)란 중국의(漢) 글자(字)입니다. 한(漢)나라는 중국 역사상 기원전에 있었던 나라로서 이 때에 와서 중국의 문화가 정비되고 글자도 체계를 잡을 수 있었습니다. 그래서 한나라라고 하면 바로 중국을 의미하게 되었으니, 한자(漢字)에서의 한(漢) 자도 중국을 뜻합니다. 또한 '한자'를 한자어나 한문이란 말과 구분해서 쓸 때는 한자 하나하나 낱개의 글자를 의미합니다.

　그러면 한자어(漢字語)라는 말은 무엇을 의미할까요?

　한자어란 한자(漢字)와 한자가 합하여져 이루어진 단어(語)를 말합니다. 예를 들어 '형제(兄弟)'라는 단어는 한자 형(兄) 자와 제(弟) 자가 모여 만들어진 한자어입니다. 한자어는 두 글자로 이루어진 것이 가장 많고 세 글자, 네 글자, 또는 그 이상의 것도 많습니다. 한자어를 한자말이라고도 합니다.

　마지막으로 한문(漢文)이란 무엇일까요. 예를 하나 들어 보죠.

農者는 天下之大本也라.
농사라는 것은 천하의 큰 근본이다.

하나의 문장이 되기 위해서는 적어도 주어와 서술어가 있어서 의미를 정확하게 전달해 주어야 하는데, 위의 문장은 주어와 서술어를 제대로 갖춘 하나의 문장입니다. 이렇게 한문(漢文)이란 한자나 한자어가 모여 이루어진 문장을 일컫는 말입니다.

이와 같이 한자, 한자어, 한문은 의미하는 바가 서로 다릅니다. 여러분들은 이 세 말을 정확히 구분해서 쓸 수 있어야 합니다. 만약에 '天' 자 하나를 가리키면서, "이 한문을 보세요." 또는 "이 한자어를 보세요."라고 한다면 틀린 말입니다. 당연히 "이 한자를 보세요."라고 해야 합니다. 또한 '天地'를 가리키면서 "이 한자의 뜻을 말해 보세요." 또는 "이 한문의 뜻을 말해 보세요."라고 한다면 잘못된 말입니다. 당연히 "이 한자어의 뜻을 말해 보세요." 라고 해야 합니다.

▶ [육서 六書], [한문학 漢文學] 참조

해제 解題

〔解 풀 해, 題 제목 제〕
책의 작가, 내용, 체재 등에 대해 요점(題)을 풀이함(解).

해제(解題)란 전문적인 학자나 어떤 분야에 깊이 연구한 사람이 옛날의 문헌이나 어려운 책에 대해 알기 쉽게 풀이해 놓은 것을 말합니다. 가령 고려 시대의 승려 일연이 저술한 『삼국유사』란 책을 예로 들어 봅시다. 여러분은 이미 이 책에 실려 있는 재미있는 이야기를 하나 둘 정도 읽었겠지만 이 책의 원작은 원래 어려운 한문으로 되어 있습니다. 해석본도 제대로 없는 상태에서 일반인이 알 수 있도록 개략적인 설명이 필요했습니다.

그래서 일제 시대에 최남선이 『삼국유사』의 작가와 이 책의 내용, 가치 등에 대해 상세하게 풀이를 해서 『삼국유사해제』라고 제목을 붙여 놓은 것이 있습니다. 이 해제는 『삼국유사』의 중요한 내용(題)에 대해 개략적으로 해설(解)을 한 것입니다. 다음은 그 일부입니다.

삼국유사는 고구려, 백제, 신라 삼국의 유문일사를 채철함으로 주를 삼고 그 관련되는 사항에는 고려 중엽까지의 사실을 부설한 자니 삼국사기와 한가지 조선 현존 고사의 쌍벽이라 할 것이니라.

< 최남선의 『삼국유사해제』 중에서 >

오래 전에 쓰인 글이라 더러 알기 힘든 용어들도 있지만 『삼국유사』의 성격에 대해 개략적으로 설명하였습니다. 해제란 이와 같이 책의 내용에 대해 개략적으로 설명하여 독자의 이해를 돕는 글입니다.

해학 諧謔

〔諧 농지거리 해, 謔 농 학〕
장난으로 하는 농지거리(諧謔). 우스갯소리.

해학(諧謔)이란 우스갯소리란 뜻입니다.

이 밖에도 농담, 재담, 익살, 골계, 풍자 등이 모두 해학과 관련된 말로써 이 말들은 모두 웃음과 관계된 한자어들입니다. 이 중에 풍자와 해학은 어울려 쓰는 경우가 많은데, 풍자가 상대방을 비꼬는 웃음이라면, 해학은 웃자고 하는 부드러운 웃음이라고 할 수 있습니다.

웃음은 다른 동물과는 달리 우리 사람에게만 있는 것이며, 이러한 웃음은 사람과의 사이를 부드럽게 해주는 이점이 있습니다. 이런 말도 있지요.

일소일소(一笑一少) : 한 번 웃으면 한 번 젊어지고
일노일노(一怒一老) : 한 번 화내면 한 번 늙는다.

길지 않은 인생 이왕이면 즐겁게 살아야겠습니다.

허구 虛構

〔虛 거짓 허, 構 얽을 구〕
거짓을(虛) 사실처럼 꾸밈(構).

허(虛) 자는 '비다'라는 뜻에서 출발한 '거짓'이란 뜻이 있으니 허위(虛僞)가 그 예입니다. 구(構) 자는 '꾸미다'라는 뜻으로 그 쓰인 예로는 구조(構造), 구성(構成) 등이 있습니다. 그러면 다음 이야기를 보세요.

학생들 : 선생님! 첫사랑 얘기해 주세요.

선생님 : 이 얼굴에 무슨 첫사랑이니?

학생들 : 그래도 해주세요.

선생님 : (속으로 생각하기를) '첫사랑의 경험이 없는데 이를 어쩌지. 없다고 하면 믿지 않을 것이고……. 거짓으로 (虛) 꾸며서(構) 얘기해 줘야지.'
그래! 해줄게.

학생들 : 와! 신난다.

선생님 : 지금처럼 이렇게 눈이 오는 날이면 어김없이 생각나는구나. 눈물이 나려고 하네. 수년 전, 겨울 방학에 시골 외할머니 댁에 놀러 갔을 때, 우리는 처음 만났단다. 티 없이 맑은 눈이 인상적이었어. 우린 서로를 처음 보는 순간 사랑을 느낄 수 있었어. 방학 내내 눈 쌓인 산과 논을 뛰어다니며 즐겁게 놀았단다. 개학이 가까워지자 우린 어쩔 수 없이 헤어졌지. 다음 여름 방학이 오기만을 손꼽아 기다렸지. 나는 여름 방학이 되자마자 외할머니 댁에 갔는데 너무나 충격적인 소식

을 듣고 말았단다. 그가 그만 하늘 나라로 갔다는구나. 흑흑흑.

학생들 : 선생님 죄송해요. 그런 줄도 모르고 얘기해 달라고 해서. 선생님! 죄송하지만 어떻게 그렇게 갑자기 돌아가셨는지 여쭤 봐도 돼요?

선생님 : 응, 괜찮아. 외할머니께서 외할아버지 몸 보신 시켜 드린다고 보신탕집에 팔아 버렸다는 거야. 복실아! 엉엉.

학생들 : 선생님! 너무해요. 우리를 그렇게 속일 수 있어요?

선생님 : 자꾸 해 달라고 조르니까 그렇지.

허구(虛構)는 이처럼 거짓으로 꾸미는 것입니다. 소설의 중요한 수법인데, 현실에서 있을 법한 허구적인 이야기를 흥미롭게 꾸며 낸 것입니다. 허구를 영어로는 픽션(fiction)이라고 합니다.

허사 虛辭

〔虛 빌 허, 辭 말씀 사〕
실제의 개념을 지니지 않은 빈(虛) 말(辭).

"아름이는 강아지를 매우 좋아한다."

위 문장에서 '아름이, 강아지, 매우, 좋아하다' 등은 실질적인 뜻을 담당하고 있고, '는', '를', '~ㄴ' 등은 앞뒤의 말을 이어 주고, 매끄럽게 해주는 역할을 하고 있습니다. 앞의 실질적인 뜻을 나타내는 부분들을 '실사(實辭)'라 하고, 뒤의 조사와 같은 것들을 '허사(虛辭)'라 합니다. 허사(虛辭)란 '빈(虛) 말(辭)'이니, 따로 떼어 놨을 때는 실제의 의미를 담지 못하는 말을 가리킵니다.

그러나 국어 문법에서는 허사(虛辭)란 말 대신에 '형태소'라는 용어를 쓰고 있습니다. 한문 문법에서 실사와 대립되는 용어로 사용되고 있지요. 다음 문장을 보세요.

"可試以婦人乎?" 曰 "可" 於是許之.

"아녀자로써 시험해 볼 수 있소?"라고 하니, (손자가) 말하기를, "가능합니다"하여 이에 허락하였다.

위의 글은 손자 병법으로 유명한 손자의 전기 중의 일부입니다. 손자가 오나라 왕을 보고 자기의 병법을 왕 앞에서 보여 주고자 하여, 병사 대신 부인네들을 이용하여 시범을 보여도 되겠느냐고 묻자, 오나라 왕이 좋다고 허락한 부분입니다.

위의 문장에서 호(乎) 자는 흔히 '어조사 호'라고 하는데, 어조사가 바로 조사입니다. 호(乎) 자는 실제 뜻이 있는 것이 아니라, 보통 문장 끝에 붙어서 의문문을 만들어 주는 조사입니다. 바로 허사입니다. 허사는 혼자 있을 때에는 특별한 의미가 없다가 실사와 결합될 때 의미가 살아납니다. 한문에서는 이러한 허사를 잘 알아야 문장 해석이 용이합니다.

형태소 形態素

〔形 모양 형, 態 모습 태, 素 원소 소〕
문법에서 가장 작은 모양과 형태(形態)를 가지는 원소(素).
뜻을 가진 가장 작은 단위.

우리가 알고 있는 문법의 단위들로는 문장, 단어, 글자 등이 있습니다. 그런데 조금 어려운 말에 형태소(形態素)라는 것이 있습니다. 예를 한번 들어 볼까요? 다음 문장을 보세요.

동희가 이야기책을 읽었다.

위의 문장을 단어로 쪼개 보면 다음과 같습니다.

동희/가/이야기책/을/읽었다.

그런데 이것을 하나하나 의미가 담겨 있도록 더 쪼개 볼까요.?
'읽었다'를 예로 들겠습니다. '읽'은 '독서'의 의미를, '었'은 과거에 그랬다는 것을, '다'는 문장을 끝맺는 역할을 하기 때문에, '읽었다'는 '읽/었/다'로 쪼갤 수가 있습니다. 이보다 더 의미를 담을 수 있도록 쪼갤 수는 없습니다.
그렇다면 '동희'는 '동/희'라고 쪼갤 수 있다고요? 그렇지 않죠.

'동희'는 사람의 이름이니 이것을 '동'과 '희'로 나눌 수는 없습니다.

이렇게 문법에서 의미를 가지고 있는 가장 작은 단위를 형태소(形態素)라고 합니다. 다시 한번 정리하자면, 형태소란 문법적으로 쪼갰을 때 의미를 갖고 있으면서도 가장 작은 형태(形態)의 원소·요소(素)입니다.

회화적 繪畫的

〔繪 그림 회, 畫 그림 화, 的 ~한〕
그림(繪畫) 같은(的).

회화시 繪畫詩

〔繪 그림 회, 畫 그림 화, 詩 시 시〕
그림(繪畫) 같은(的) 시(詩).

회화(繪畫)란 그림입니다. 시에서도 회화의 수법이 쓰이는데, 자연의 아름다운 풍경을 보고 그림처럼 읊어 낸 시가 있다면 이러한 시를 두고 '회화적(繪畫的)이다, 회화시(繪畫詩)다.'라는 표현을 씁니다. 다음 시를 한 수 감상해 보세요.

온 산에 새 한 마리 날지 않고
모든 길 사람 자취 끊어졌네.
오직 삿갓 쓴 늙은이 하나
외로이 낚시질, 강에는 눈만 내리고.

<유종원의 「강에는 눈만 내리고」>

이 시는 겨울날 한적한 풍경을 잘 표현하였습니다. 새 한 마리 날지 않고 인적 없는 정막한 산과 그 앞에 눈 내리는 강, 그리고 강가에서 한가로이 낚시질하는 늙은이가 있는 풍경을 마치 눈에 보이는 듯이 그려 낸 시입니다. 마치 한 폭의 동양화를 보는 듯하지요. 이러한 시의 경향을 두고 회화적(繪畫的)이라 하고, 이런 시를 회화시(繪畫詩)라고 합니다.

하나 더, '새롬이는 독일에 살다 와서 독일어 회화를 잘한다'라고 할 때의 회화(會話)는 사람을 만나서 나누는 말을 뜻합니다.

획수 劃數

〔劃 그을 획, 數 숫자 수〕
글자를 쓸 때 그은(劃) 횟수(數).

옥편에서 잘 모르는 한자를 찾을 때, 꼭 알아야 할 것은 부수와 획수(劃數)입니다. 획수란 글씨를 쓸 때 그은(劃) 횟수(數)입니다.

획수는 붓을 붙였다가 떼는 수로 결정이 됩니다. 한 번 붙였다 떼면 그것이 한 획이 됩니다. 한 글자의 획수를 알려면 몇 번 붙였다 떼는지 횟수를 세어야 합니다. 소(小) 자의 획수는 3획이고, 동(東) 자의 획수는 8획입니다. 그러면 을(乙) 자의 획수는 몇 획일까요? '一'은 한 획이라는 것을 쉽게 알 수 있는데, '乙'도 끊지 않고 연결해서 계속 그어야 하기 때문에 한 획으로 취급합니다.

찾아보기 ② 학습어

선생님이 풀어주는

중 · 고교 한자어 ② 학습어

초판 1쇄 발행 1995년 7월 20일
초판 2쇄 발행 2003년 10월 15일

펴낸이 홍석
펴낸곳 도서출판 풀빛
등 록   1979년 3월 6일 제8-24호
주 소   서울시 서대문구 북아현3동 177-5
전 화   02-363-5995(영업부) 02-362-8900(편집부)
팩 스   02-393-3858
hompage… www. pulbit.co.kr

ⓒ 풀빛, 1995

ISBN 89-7474-521-6 55720

값 8,000원

잘못된 책은 바꾸어 드립니다

이야기 한국역사

이야기 한국역사 편집위원회 지음 / 서울대학교 국사학과 교수 김인걸 추천 / 전13권 / 각권 값 5,000원

많은 문헌과 사료를 바탕으로 쉽고 재미있게 만든
어른과 학생이 함께 읽는 우리 역사 이야기 잔치.

조상들의 역사와 문화가 가득 들어 있어 자신도 모르게 사람과
사물을 보는 이해력이 커집니다.

어른에게는 치열한 역사의 의미와 교훈을, 청소년에게는 수학능력시험
과 논술시험에 대비한 사고와 논리를, 어린이에게는 미래를 향한 창을
열어줍니다.

❶ 권 초기국가 형성과 삼국의 발전
❷ 권 삼국의 항쟁과 통일
❸ 권 남북국 시대와 후삼국
❹ 권 고려왕조의 창업과 발전
❺ 권 고려 후기사회의 동요
❻ 권 조선왕조의 창업과 발전
❼ 권 지배체제의 재편과 거듭되는 전란
❽ 권 조선후기의 사회변동
❾ 권 근대화의 길
❿ 권 일본의 침략과 국권회복 운동
⓫ 권 일제 식민통치와 항일투쟁
⓬ 권 독립운동의 발전과 민족국가 설립준비
⓭ 권 대한민국 수립과 민주주의의 시련

오페라를 이해하는 지름길은 스토리를 아는 것이다. 스토리를 모르고서는 공연을 보아도 오페라의 깊은 맛을 느끼기 어렵다. 오페라가 화려한 무대와 정열적인 가수, 그리고 스토리가 이루어 내는 종합예술이라는 점을 생각할 때 더욱 그렇다.

오페라의 스토리들은 인생의 향기를 문학적으로 담아낸 그릇이다. 삼각관계 배신 질투 헌신 희생 복수 등 인간사의 온갖 주제들을 오페라 스토리처럼 가슴 저미게 파헤쳐놓은 경우가 또 있을까.

이야기로 읽는 명작 28편

오페라를 만나러 가자

김선옥 · 양진모 엮음/❶권 값 11,000원 ❷권 값 9,000원